미생물 과학 수사관

루이 파스퇴르

미생물 과학 수사관

루이 파스퇴르

플로랑스 피노 글 | 쥘리앵 비요도 그림 | 이승재 옮김 | 신현정 감수

봄의정원

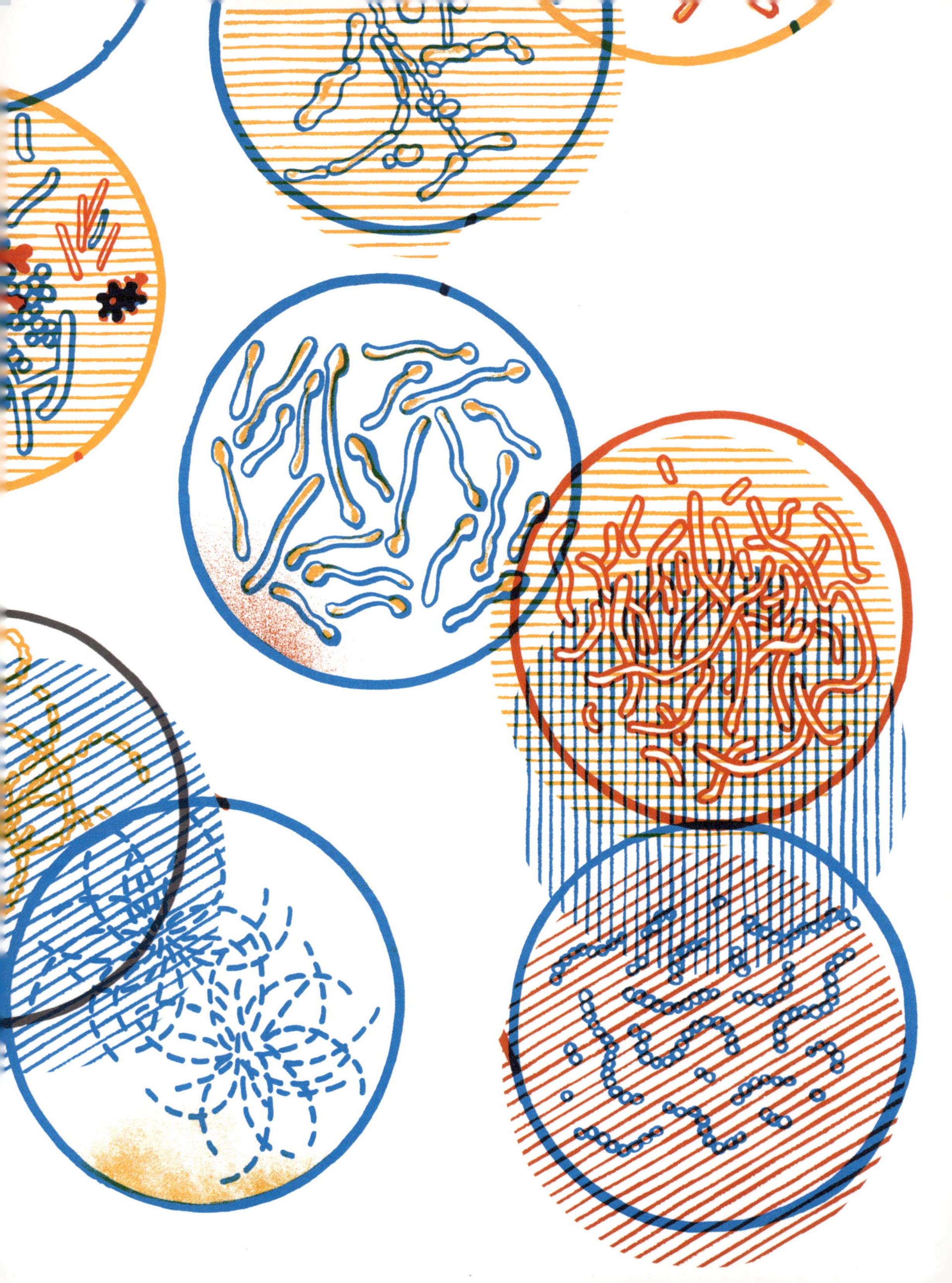

차례

여는 글 … 7

붓에서 시험관으로 … 10

타르타르산의 이란성 쌍둥이 … 19

발효의 진짜 범인 … 28

위대한 대결 … 39

누에를 괴롭힌 두 범인 … 52

나쁜 세균 추격전 … 63

영광스러운 광견병 수사 … 76

파스퇴르의 과학 용어 … 87

파스퇴르의 생애 … 90

파리
19세기
나폴레옹
브장송
돌
쥐라

여는 글

모험의 시대

19세기의 과학은 모험의 세계와 다를 바 없었어요. 물리학자와 화학자들은 물질의 형태를 이해하기 위해 연구에 매달렸어요. 당시에는 지금 우리가 알고 있는 원자 모형을 알지 못했어요. 과학자들의 연구는 마치 블록을 끼워 맞추듯 물질을 하나씩 맞추는 수준이었지요. 과학자들은 빛의 속도를 계산하고, 전구를 비롯한 사진술 등을 발명해 나갔어요. 생물학자들은 눈에 보이지 않는 생물이 존재한다는 사실을 알아냈어요. 하지만 그 정체를 밝혀내지는 못 했어요. 현미경은 있었지만 지금처럼 성능이 뛰어나지 않고 실험 수준도 거의 공작 수업에 불과했기 때문이에요.

프랑스 혁명 이후 세상이 급격히 변화하면서 다양한 정치 체제가 나타났어요. 제1제정, 군주제의 부활, 제2공화국, 제2제정, 제3공화국……. 프랑스의 산업은 이웃 나라 영국에 뒤처졌지만 유럽 전체에서는 앞선 편이었어요. 여러 왕들은 물론 나폴레옹 3세도 산업의 발전을 위해 지원을 아끼지 않았어요. 그 덕분에 곳곳에 기찻길이 놓이고 기차역이 지어졌지요. 수도 파리는 시장인 오스만 남작의 노력으로 점점 변화해 갔어요. 뿐만 아니라 프랑스는 알제리와 인도차이나를 식민지로 만들었어요. 교통의 발달로 과학자들은 먼 곳까지 오갈 수 있게 되었고 연구 의견을 나누는 일도 훨씬 쉬워졌어요. 하지만 배와 기차를 통해 세균과 전염병 또한 빠르게 퍼져 나갔지요.

루이 파스퇴르

루이 파스퇴르는 프랑스의 쥐라 지역에 있는 돌에서 태어났어요. 아버지 장조제프는 동물의 가죽을 다듬어 물건을 만드는 피혁공이었어요. 집 옆에 있는 작업실에서 커다란 통에 산을 붓고 가죽을 넣어 부드럽게 만들었는데 그때마다 냄새가 아주 고약했어요. 가죽을 다듬는 일은 파스퇴르 집안의 가업이었어요. 파스퇴르의 증조할아버지 역시 가죽 공장에서 보조로 일했지요.

파스퇴르의 집은 형편이 그리 넉넉지 못했어요. 아버지 장조제프는 스무 살 때 나폴레옹 보나파르트가 이끄는 군대에 들어가 스페인과의 전투에서 공을 인정받아 레지옹 도뇌르 훈장을 받았어요. 그래서 아르부아에 있는 집으로 자신처럼 나폴레옹 황제를 칭송하는 부르주아 가문의 친구들을 초대하기도 했어요.

파스퇴르에게는 누나와 두 여동생이 있었지만 모두 스물다섯 살이 되기 전에 죽었어요. 파스퇴르의 초등학교와 중학교 성적은 그리 뛰어나지 못했어요. 하지만 아버지는 파스퇴르가 파리 고등사범학교에 들어가 교수 자격시험을 치르기를 원했어요. 결국 파스퇴르는 스물한 살에 문학과 과학 바칼로레아(프랑스의 중등 교육과정 종료와 대학 입학시험 자격을 증명하는 국가시험 – 옮긴이) 시험에 합격하여 파리 고등사범학교에 입학했어요. 대학에 다니는 내내 '과학 바이러스'에 걸린 사람처럼 연구에 몰두했고, 이십 년 남짓 과학계에서 널리 이름을 알리다가 프랑스 과학 아카데미의 회원이 되었지요.

붓에서 시험관으로

파스퇴르는 학교 성적이 뛰어난 모범생은 아니지만 늘 아들의 성공을 바라는 아버지에게 교육을 받았어요. 밤이면 아버지는 아들에게 나폴레옹을 따르던 군대에서의 경험담을 들려주고, 아들은 아버지의 이야기를 들으며 꿈을 키웠지요. 아버지는 아들의 성공을 간절히 원해서 열심히 공부하기를 바랐어요. 자신들이 살고 있는 아르부아의 학교 선생님이 된 아들의 모습을 상상하기도 했어요. 적어도 가죽을 만지는 일보다 훨씬 낫다고 생각했기 때문이에요.

가로막힌 예술가의 꿈

유독 그림 그리기를 좋아한 파스퇴르는 열세 살이 되던 해에 파스텔로 어머니 잔에티에네트의 초상화를 멋지게 그렸어요. 마을 사람들이나 학교 친구들의 초상화도 그려 주었어요. 그때까지만 해도 파스퇴르는 화가가 된 자신의 모습을 상상했을 거예요. 하지만 운명은 파스퇴르의 다른 미래를 준비하고 있었어요.

아버지는 아들이 그림 주문을 받기 위해 대저택을 기웃거리고 대문을 두드리는 초상화가가 되는 것을 원하지 않았어요. 자신의 친구 대부분이 파리에서 일하다 쥐라 지역을 찾아 휴가를 보내는 군 장교나 의사 같은 부르주아였기에 아들 파스퇴르도 고등 교육을 받은 교양인이 되기를 바랐어요. 때마침 파스퇴르가 중학교에 입학하자 로마네 교장 선생님은 아버지에게 파스퇴르를 나폴레옹 보나파르트가 세운 파리 고등사범학교에 보내기를 권했어요. 그곳은 고상하고 저명한 고등학교 교사와 대학교수를 양성하는 명문 학교였어요.

파스퇴르는 첫 번째 도전에서 실패했어요. 부모님이 입학시험 준비를 위해 파리에 보냈을 때, 파스퇴르의 나이는 고작 열다섯 살이었어요. 집에서 멀리 떨어진 파스퇴르는 가족이 너무 그리웠어요. 아들이 의기소침해하자 아버지는 두 달여 만에 집으로 데려왔어요. 파스퇴르는 아버지의 판단에 따라 집에서 오십 킬로미터 정도 떨어진 브장송에서 다시 시험 준비를 시작했어요. 이제는 로마네 교장 선생님의 도움으로 루아얄 중학교에서 바칼로레아 시험을 준비하면서 주말마다 집에 갈 수 있게 되었지요.

파스퇴르는 틈틈이 그림을 그려 학교에서 초상화를 전시하기도 했어요. 아르부아에 있을 때보다 공부도 열심히 해서 첫해가 끝나 갈 무렵, 바칼로레아 문학 시험을 통과했어요. 하지만 공부는 상상한 것 이상으로 힘들었어요. 결국 과학 시험은 통과하지 못했지요. 대신에 파스퇴르는 미래의 꿈을 위해 더 열심히 공부하겠다는 목표를 갖게 되었어요.

과학을 향하여

마침내 파스퇴르는 바칼로레아 자격증을 가지고 파리 고등사범학교 입학시험을 보았어요. 하지만 첫 시험에서 높은 점수를 얻지 못해 이듬해에 다시 도전하기로 했어요. 이번에는 파리로 옮겨와 각오를 다지고 시험을 준비했어요. 루아얄 중학교의 단짝 친구인 샤를이 가끔 머리를 식히자고 꾀어도 흔들리지 않았어요.

파스퇴르는 정식 학생은 아니지만, 학생들에게 인기가 많은 소르본대학교의 화학 교수인 장바티스트 뒤마의 수업을 한 번도 빠뜨리지 않고 들었어요. 뒤마 교수는 수업이 끝날 때마다 강의실이 떠나갈 정도로 박수갈채를 받았어요. 그 모습에 파스퇴르는 과학자도 유명해질 수 있다는 생각을 했어요.

학구적인 한 해를 보낸 덕에 파스퇴르는 네 번째로 좋은 성적을 거두어 입학시험에 당당히 합격했어요. 파스퇴르는 물질을 다루는 과학 분야에 열정을 가지고 계속해서 화학 지식을 채워 나갔어요. 고등사범학교에 입학한 뒤에는 앙투안 제롬 발라르 교수에게 많은 영향을 받았어요. 장바티스트 뒤마 교수의 수업도 꾸준히 들었지요. 파스퇴르를 눈여겨본 뒤마 교수는 매주 일요일 오후에 열리는 실험에 참여하게 했어요. 파스퇴르는 실험실에서 조교에게 화학 물질 다루는 법을 배웠어요.

고등사범학교의 교육 과정을 마친 파스퇴르는 물리학 교수 자격시험에 통과하자마자 아르데슈의 고등학교 교사로 임명되었어요. 하지만 실험실 연구에 흥미를 붙인 터라 파리에 남고 싶었어요. 발라르 교수는 파스퇴르의 임용을 취소하고 자신의 실험실에서 조교로 일하게 해 주었어요.

파스퇴르는 실험실에서 경험을 쌓아 이듬해에 물리학과 화학 분야의 논문 두 편을 썼어요. 그리고 결정체 연구를 본격적으로

시작했어요. 파스퇴르는 연구를 통해 중요한 발견을 하게 될 거라는 믿음과 함께 과학 역사에 자신의 이름을 남기고 싶다는 꿈을 꾸었어요.

스물여섯 살이 된 파스퇴르는 스트라스부르 단과 대학에서 교육자로 첫발을 내디뎠어요. 첫 직장에서 학생들을 가르치는 일을 배우기도 했지만 무엇보다 평생의 반려자를 만났어요. 행운의 신부는 학장의 딸 마리였어요. 파스퇴르는 결혼 허락을 받기 위해 학장에게 편지를 썼어요. 모든 행운을 자신의 편으로 돌리기 위해 비록 가진 재산은 많지 않지만 교수라는 직업이 얼마나 좋은지 강조했어요. 이름을 널리 알리고 파리로 돌아가 연구할 거라는 포부도 밝혔어요. 또한 자신의 잠재력을 입증하기 위해 프랑스 과학 아카데미에서 흥미로운 연구 결과라고 인정한 보고서까지 첨부했지요!

그렇게 자신감은 누구에게도 뒤지지 않았지만, 정작 사랑에 대해서는 아는 게 없었어요. 파스퇴르는 어떻게 해야 마리의 마음을 얻을 수 있을지 걱정에 빠졌어요. 다행히 파스퇴르의 진심에 감동한 마리는 마음의 문을 열고 청혼을 받아들였어요. 파스퇴르의 선택은 탁월했어요. 마리는 언제나 파스퇴르를 사랑했고, 파스퇴르의 이름을 알리는 일에 적극적이었어요.

LILLE

파스퇴르 부부는 스트라스부르 단과 대학에서 지내며 아이 셋을 낳은 뒤, 릴에 있는 대학으로 자리를 옮겨 이사했어요. 이후 아이 둘을 더 낳았지만 딸 셋은 어린 나이에 병으로 죽고 아들 장바티스트와 딸 마리 루이즈만 남았어요.

젊은 물리학 교수 파스퇴르는 수업이 끝난 뒤에도 실험을 이어나가고 싶었어요. 그래서 대학에 실험 도구가 잘 갖춰진 실험실을 만들었어요. 학생들에게 시험관 사용법을 가르치는 등 실용적인 연구 환경을 만들어 줄 수 있는 유일한 방법이었지요.

파스퇴르는 산, 결정체, 무기질 등 물질의 여러 형태에 대한 탐구를 즐기고 그 속에 숨겨진 비밀을 밝히기 위해 연구를 거듭했어요. 실험실에만 들어가면 유능한 수사관처럼 손에 잡히는 것은 하나도 빠뜨리지 않고 관찰했어요. 유리 플라스크, 건조기, 피펫을 들고 작은 세상 속으로 들어가 물질을 구성하는 성분은 무엇인지, 화학 반응에 따라 어떻게 만들어지고 변형되는지를 수사했지요.

타르타르산의 이란성 쌍둥이

파스퇴르의 첫 번째 '과학 수사'는 이란성 쌍둥이의 비밀을 밝히는 일이었어요. 똑같아 보이는 화학 물질이 왜 각각 다른 반응을 보이는지 이해할 수 없었지요. 하나는 포도주 통에서 침전물로 만들어지는 타르타르산이고, 다른 하나는 라세미산이었어요. 라세미산은 타르타르산 침전물을 연구하던 알자스의 한 기업가가 우연히 만든 물질이에요. 타르타르산과 라세미산은 서로 닮은꼴이고 구성 성분이 똑같지만…… 분명히 다른 물질이었어요!

파스퇴르의 의문점

형성 과정은 물론 구성 요소까지 같은 타르타르산과 라세미산은 왜 다른 물질일까?

타르타르산은 섬유에 염료를 물들일 때 사용하지만 약을 만들

때도 사용해요. 라세미산은 실험 오류로 인한 화학적 결합이 빚어낸 오묘한 결과물이에요. 라세미산을 물에 섞으면 타르타르산과 마찬가지로 녹지 않지요.

타르타르산은 흰 가루 같지만 자세히 살펴보면 작은 결정체 모양이에요. 파스퇴르는 과학자 오귀스트 로랑을 통해 결정의 생김새에 따라 분류하는 결정학에 대해 잘 알고 있었어요. 결정 연구에는 많은 인내심이 필요해요. 고유한 형태를 띤 각각의 결정을 주의 깊게 살펴보면 그 속에 규칙적인 특징을 지니고 있기 때문이에요. 석영의 결정은 일반적으로 바늘처럼 길쭉하고, 황철석의 결정은 정육면체 모양이에요. 결정면의 크기는 만들어질 때 주변의 환경에 따라 달라지지요. 하지만 결정면 사이의 각도는 일정해요.

결정면은 결정의 크기가 큰 물질만 직접 확인할 수 있어요. 불행히도 타르타르산의 결정은 크기가 너무 작았어요. 그런데 파스퇴르와 과학자들은 결정면의 모양을 확인하는 방법을 알고 있었어요. 우선 타르타르산을 물에 녹인 다음 물이 완전히 증발할 때까지 기다려요. 그러면 증발하는 과정에서 그릇 바닥에 몇 밀리미터에서 1센티미터 사이의 결정이 만들어지지요.

파스퇴르는 비교적 커다란 타르타르산 결정을 얻은 다음 현미경으로 하나씩 살펴보았어요. 그리고 결정들이 비대칭이라는 사

실을 발견했어요. 타르타르산의 결정들은 한쪽에만 작은 결정면을 가지고 있었어요. 대부분의 결정들과 달리 반대편에 대칭되는 결정면이 없었지요. 파스퇴르는 이러한 특징이 이란성 쌍둥이 물질의 차이점을 설명해 줄 수 있다고 생각했어요.

그래서 똑같은 방법으로 라세미산의 커다란 결정을 만들었어요. 라세미산의 결정에는 작은 결정면이 없어서 두 물질 사이의 차이점을 설명해 줄 수 있기를 바랐어요. 하지만 결과는 놀라웠어

과학적 단서

독일의 화학자 미처리히는 이란성 쌍둥이 물질이 가지고 있는 또 다른 기묘한 특징 하나를 발견했다. 타르타르산을 물에 녹이면 그 용액이 편광에 반응하는 반면에 라세미산 용액에서는 아무런 반응이 일어나지 않았다. 빛에 대한 반응은 눈으로 확인할 수 없어서 용액을 편광계 속에 넣어야 한다. 편광계는 편광이 용액을 통과할 때 어떻게 굴절하는지를 보여 준다.

요. 두 물질 모두 한 면에만 결정면을 가지고 있었지요.

파스퇴르는 예상과 다른 결과에 실망했지만 더 악착같이 연구에 매달렸어요. 라세미산의 결정 수백 개를 하나하나 현미경으로 자세히 관찰했어요. 관찰 결과를 그림으로 그리고 수없이 측정을 반복한 끝에 결실을 맺었지요. 라세미산의 결정도 비대칭인 작은 결정면을 가지고 있지만 모두 같은 면에 형성되는 게 아니었어요. 어떤 결정은 결정면이 왼쪽에 만들어지는가 하면, 또 어떤 결정은 오른쪽에 만들어졌지요.

파스퇴르는 타르타르산의 비밀을 풀었어요. 타르타르산의 이란성 쌍둥이인 라세미산은 두 종류의 결정이 반반씩 모여서 만들어진 화합물이었어요. 쌍둥이처럼 서로 닮은 두 개의 산이 숨기고 있는 엄청난 차이점을 밝혀낸 거예요.

파스퇴르는 하루라도 빨리 최고의 과학자들이 한자리에 모인

프랑스 과학 아카데미에서 자신이 발견한 사실을 알리고 싶었어요. 그래서 편광과 산에 대해 잘 아는 물리학자 장바티스트 비오 앞에서 두 가지 형태의 결정을 만드는 실험을 보여 주었어요. 실험 결과를 본 비오는 몹시 흥분해서 파스퇴르의 연구 결과를 아카데미에 알렸어요. 그리고 〈화학 연보〉에 실험 보고서를 발표하게 했어요. 파스퇴르가 스물다섯 살에 처음으로 거둔 성공이었어요.

파스퇴르는 타르타르산에 대한 연구를 이어 나갔어요. 그러던 어느 날, 파리에 있는 화학 협회에서 대회를 열어 가장 간단한 라세미산 제조법을 찾아내는 사람에게 포상을 약속했어요. 라세미산이 제조 과정의 실수로 만들어진 물질이어서 정확한 제조법을 아는 사람이 아무도 없었거든요. 대신에 주석을 다루는 과정에서 항상 얻을 수 있었지요.

파스퇴르는 이탈리아 트리에스테의 한 실험실에서 라세미산에 아주 가까운 산을 만든다는 것을 알고 직접 찾아갔어요. 그곳에서는 분명 다른 종류의 타르타르산을 사용할 거라 예상했지요. 하지만 이탈리아의 과학자들은 주석을 산으로 변형시키는 과정에서 무엇을 달리했는지, 그 비법이 무엇인지 절대 알려 주지 않았어요.

파스퇴르는 제조 과정에서 어떠한 변화를 주면 평범한 주석에

170

서 라세미산을 얻을 수 있다는 사실만 파악한 채 스트라스부르로 돌아왔어요. 그리고 이탈리아에서 경험한 것과 같은 결과를 얻기 위해 다양한 화학적 시도를 했어요.

스스로 질문에 질문을 던진 덕분에 우리의 '과학 수사관'은 결국 그 해법을 찾아냈어요. 주석을 섭씨 170도에서 대여섯 시간 동안 가열하자 타르타르산이 라세미산으로 변한 거예요. 루이 파스퇴르는 이 마법의 공식으로 거액의 상금을 거머쥐었어요. 그리고 불과 서른 살에 프랑스 최고의 레지옹 도뇌르 훈장을 받았어요.

발효의 진짜 범인

파스퇴르는 릴에 돌아와 화학과 교수이자 대학 학장의 자리에 올랐어요. 연구를 통해 성과를 내고 화학상 등을 받으면서 파스퇴르는 과학과 산업의 협력 관계가 얼마나 중요한지 깨달았어요. 무엇보다 화학 분야의 연구가 제품의 생산 과정을 향상시킬 수 있다는 생각을 하게 되었지요. 나폴레옹 3세 또한 기회가 있을 때마다 현대화를 향한 경쟁의 시대에 과학은 프랑스의 산업 발전에 이바지해야 한다고 강조했어요.

연구와 실험을 이어 나가던 파스퇴르는 감자 전분으로 만들어지는 아밀알코올에 흥미를 가졌어요. 타르타르산에 이은 또 다른 이란성 쌍둥이 수수께끼였거든요. 똑같아 보이는 두 종류의 아밀알코올이 각각 다른 방식으로 빛에 반응했어요. 발효가 만들어 낸 문제를 맞닥뜨린 게 벌써 두 번째였어요. 아밀알코올도 타르타르산처럼 발효 과정을 거쳐 얻어지는 결과물이거든요.

발효는 설탕을 알코올이나 산으로 만들어요. 포도주, 식초, 슈크루트(소금물에 발효시킨 양배추-옮긴이), 소시지를 비롯한 몇몇 종류의 치즈를 만드는 데도 꼭 필요한 현상이지요. 다만 19세기에는 이 현상을 제대로 이해할 수 없었어요. 그래서 발효를 설명하는 두 가지 이론이 팽팽히 대립했어요. 발효 용액 속에 들어 있는 미생물은 발효를 일으키는 주체적 원인인가, 아니면 변화 과정을 지켜보기만 하는 수동적 원인인가에 관한 문제였어요.

독일의 화학자 유스투스 폰 리비히는 두 번째 가설에 무게를 두었어요. 발효는 화학 현상이며 효모는 그러한 변화 과정의 잔류물이라고 생각했지요. 리비히는 부용 퀴브(고기, 야채 등을 우려낸 국물을 응축시켜 정사각형으로 자른 것-옮긴이)의 시초가 된 고기 추출물을 만들어 낼 정도로 유능한 화학자였지만 발효에 대해서는 잘 알지 못했어요.

파스퇴르는 자신이 가르치는 학생의 아버지인 비고 씨를 돕는 과정에서 리비히의 판단이 어디서 잘못되었는지를 깨달았어요. 비고 씨는 사탕무로 술을 만드는 양조장을 운영했어요. 그런데 여름철이면 술이 상하고 술통에서 악취가 났어요. 파스퇴르는 원인을 파악하기 위해 양조장에 찾아가 술 만드는 과정을 면밀히 조사하고 물질을 채취했어요.

양조장

파스퇴르의 의문점

사탕무 술의 발효를 방해하는 원인은 무엇이고, 깨끗한 술을 만드는 방법은 무엇일까?

파스퇴르는 발효 용액으로 여러 차례 실험을 반복했어요. 끓이고 소금이나 산과 혼합하기도 했어요. 그런데 유산균으로 실험을 이어 나가는 동안 둥근 플라스크 주변에 희한한 모양의 작은 회색 얼룩이 생겼어요. 파스퇴르는 이 얼룩을 채취해 상자에 넣은 뒤, 놀라운 사실을 발견했어요. 희한한 모양의 회색 얼룩이 곰팡이처럼 퍼져 있었어요.

미생물이 번식한다는 건 분명 생명을 지니고 있기 때문이에요. 이건 팽팽히 대립하는 발효 현상에 대한 논쟁에서 첫 번째 가설이 옳다는 뜻이기도 했어요. 상한 우유에서 나는 신맛이나 코를 찌르는 냄새의 원인은 바로 살아 있는 미생물이었던 거예요. 그렇다면 사탕무 술도 미생물이 상하게 한 건 아닐까요?

파스퇴르는 현미경으로 술통을 살펴보다 그 안에 있을 이유가 없는 유산균을 발견했어요. 술을 만들기 전에 통을 깨끗이 씻지 않아서였어요. 술에서 상한 우유처럼 시큼한 맛이 난 것도 유산균 때문이었지요.

파스퇴르는 생물학자로서 영역을 넓혀 가기 시작했어요. 현미

젖산
소금

사건 해결

사탕무 술에서 신맛이 나지 않게 하려면 사탕무 원액을 끓여야 한다는 해법을 찾았다. 그래야 술통을 오염시키는 주범인 미생물을 잡을 수 있기 때문이다.

경으로 찾아낸 작은 미생물은 파스퇴르에게 과학적 집착의 대상이 되었어요. 그러다 미생물이 공기 중에 퍼져 있어서 우유나 포도주를 상하게 할지도 모른다는 생각에 이르렀어요.

19세기의 과학은 유산균 같은 미생물의 존재에 대해 아는 게 거의 없었어요. 파스퇴르는 상한 버터에서 살아 있는 가느다란 실 같은 것을 발견하고 액체 속에 사는 단세포 생물인 섬모충의 일종으로 분류했어요. 또한 효모가 발아해 자라는 과정도 확인했어요. 파스퇴르는 끝없이 작은 세상에서 발견한 미생물을 분류하면서 과학 연구의 새로운 영역을 개척했어요.

그건 바로 미생물학이었어요.

누명 쓴 용의자

사십 년이 지난 뒤 독일의 두 과학자가 발효 현상의 진짜 범인을 밝혀냈다. 발효는 효모 자체가 아니라 효모가 만들어 내는 특정한 분자에 의해 이루어진다는 것을 알고, 이 분자를 '효소'라고 이름 지었다.

도둑맞은 포도주의 맛

양조장의 문제를 해결한 파스퇴르는 1862년에 식초 공장에서 발생하는 문제를 해결하고, 황제 나폴레옹 3세에게 포도주 연구를 의뢰받았어요. 특정 산지의 포도주가 너무 쓰거나 제대로 맛이 나지 않는 등 질병 수준에 가까운 문제로 골머리를 앓았거든요. 이는 명성이 자자한 프랑스의 포도주 산업에 재앙과도 같은 일이었어요.

연구를 통해 발효 전문가가 된 파스퇴르는 도전을 받아들이기로 하고 수사를 시작했어요. 파스퇴르는 여행을 좋아해서 포도주를 만드는 여러 농장을 찾아다니는 게 즐거웠어요. 아르부아의 별장 근처에 작은 농장을 구입하기도 했어요. 자신의 농장에서 수확한 포도로 직접 포도주를 만들면서 제조 과정을 처음부터 끝까지 관찰하고 연구했지요.

사탕무 술과 마찬가지로 '질병'에 걸린 포도주 역시 원인은 미생물이었어요. 파스퇴르는 관찰 과정을 거쳐 각기 다른 섬모충과 곰팡이를 구별해 냈어요. 이러한 미생물들이 술통의 포도주를 상

과학적 단서

1795년에 프랑스에서 제과점을 운영하던 니콜라 아페르는 음식을 효과적으로 보관하는 방법을 연구하다가 통 속에 넣어 끓는 물에 데운 뒤 뚜껑을 덮는 방법을 생각해 냈다.

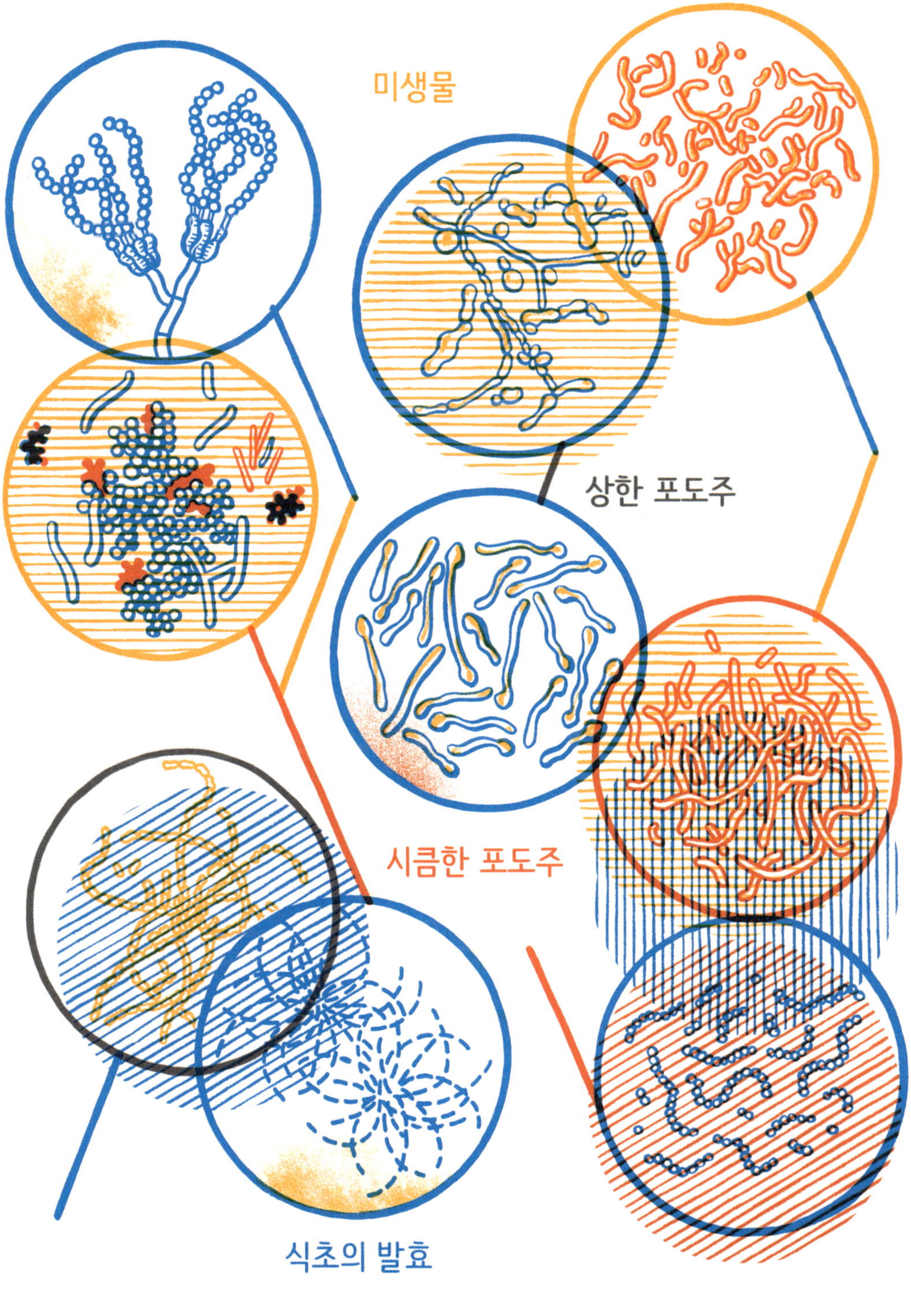
미생물
상한 포도주
시큼한 포도주
식초의 발효

하게 하고 맛을 떨어뜨렸던 거예요.

파스퇴르는 포도 원액이 발효되는 동안 포도주의 품질을 지켜낼 방법을 찾아야 했어요. 포도주를 숙성시키고 맛을 내려면 산소가 필요하기 때문에 오염을 막기 위해 술통을 닫아 둘 수는 없었어요.

파스퇴르는 새로운 방법을 제안했어요. 포도주를 섭씨 60~75도의 열로 가열하는 방법이었어요. 이 과정을 거치면 포도주를 '병들게' 하는 섬모충을 없애고 신선하고 맛있게 보관할 수 있었어요.

포도주를 끓이는 방법은 이미 작은 포도 농장에서 시도한 적이 있어서 파스퇴르가 따라 한 거라고 비난하는 사람들이 있었어요. 하지만 파스퇴르는 그렇지 않다고 항변했어요. 파스퇴르는 미생물을 차단해 포도주를 안전하게 보관하는 방법을 스스로 생각해 냈다고 자신했어요.

미생물

과학자들은 미생물을 생김새나 움직임, 사는 환경 등에 따라 분류하고 비브리오균, 탄저균, 섬모충, 극미 동물, 효모 등 각기 다른 이름을 붙였다. '미생물'이라는 명칭은 1878년에 샤를 에마뉘엘 세됴의 주도로 사용되었다. 군 보건학교 원장을 지낸 샤를은 현미경으로만 관찰할 수 있는 작은 생명체를 통틀어 '미생물'로 부르자고 제안했고, 오래지 않아 공식 용어가 되었다.

몇 년 후에 파스퇴르는 맥주의 발효 과정을 연구했어요. 1870년에 독일과 프랑스 사이에 전쟁이 일어나고 나폴레옹 3세가 물러나면서 두 나라의 사이가 매우 나빠졌어요. 파스퇴르는 프랑스 맥주의 질을 향상시키면 독일 맥주와 경쟁할 수 있다는 생각에 큰 열정을 쏟았어요. 품질이 좋은 맥주를 만들 효모를 찾고, 순도가 높은 맥주를 만들고, 세균으로부터 보호할 수 있는 방법을 알아냈어요. 또한 유럽 여러 나라에서 큰 성공을 거둘 새로운 맥주 제조법을 고안했어요.

위대한 대결

릴에서 삼 년을 보낸 루이 파스퇴르는 더 높은 자리에 올라 파리로 돌아왔어요. 서른다섯 살의 나이에 자신이 다녔던 고등사범학교 과학과의 학장 자리에 올랐지요. 당시에는 실험보다 이론 중심으로 수업이 이루어져서 학교에 실험실이 없었어요. 파스퇴르는 창고에 실험실을 마련하기로 마음먹었어요. 자신의 실험을 이어 나가고 학생들에게 과학 실험이 어떻게 진행되는지 직접 보여주기 위해서였어요. 창고는 점점 파스퇴르의 '과학 수사 본부'가 되어 갔어요.

파스퇴르의 새로운 모험은 자신보다 스무 살 많은 과학자와의 다른 의견에서 시작되었어요. 미생물의 출현 방식에 대한 두 가지 가설이 대립했지요. 한쪽은 '자연 발생설'을 주장했어요. 원자가 서로 결합하는 동안 무기물이나 썩어 가는 생성물 속에서 저절로

생물이 생긴다는 이론이었어요.

17세기경, 벨기에 과학자 얀 밥티스타 판헬몬트는 웅덩이에 구겨 넣은 여성의 블라우스 속에서 생쥐가 나타나는 실험을 통해 자연 발생설을 입증할 수 있다고 주장했어요. 하지만 블라우스 속에 밀알을 넣어 두었기 때문에 생쥐가 안으로 들어갔다는 건 누구나 유추할 수 있었어요. 파스퇴르와 다른 과학자들은 이 실험 같지 않은 '실험'을 한 편의 코미디로 여기며 웃어넘겼지만 적잖은 과학자들이 미생물의 세계에서는 자연 발생설이 가능하다고 생각했어요. 뿐만 아니라 미생물은 마법처럼 어디서든 번식할 수 있다고 믿었지요.

한편 반대편에 선 과학자들은 모든 생명체와 마찬가지로 미생물 역시 다른 미생물을 통해 만들어진다고 주장했어요. 이 주장은 생명의 탄생은 오직 신의 권한이라고 여기는 가톨릭교회의 지지를 얻었지만 당시의 과학 기술은 이 같은 이론을 뒷받침하지 못했어요.

생명의 기원에 관한 논쟁

논쟁이 본격적으로 세상의 관심을 끌기 시작한 건 1859년이었어요. 펠릭스 아르키메드 푸셰가 실험을 통해 미생물의 자연 발생설을 입증했다고 주장했어요. 건초를 우려낸 용액을 깨끗한 유리

파스퇴르의 의문점

미생물이 자연적으로 발생하는 게 아니라 살아 있는 다른 미생물로부터 번식한다는 걸 밝힐 수 있는 방법은 무엇일까?

플라스크에 담은 뒤 섭씨 100도로 가열하고 밀폐했더니 작은 곰팡이들이 번졌다는 거예요. 가열 과정을 거쳐 미생물을 없애더라도 다시 번식할 수 있다는 주장이었어요.

이 일을 계기로 과학 아카데미는 모든 프랑스 과학자에게 '도전 과제'를 제시했어요. 자연 발생설을 확실히 입증하거나, 확실히 반박하는 사람에게 큰돈을 내걸었어요. 과학 아카데미는 푸셰의 실험에 반박의 여지가 있다고 판단하고 검증 가능한 증거를 요구했어요.

파스퇴르는 즉시 도전 과제에 응하기로 결심했어요. 먼저 주변 공기에서 흘러들었을지 모를 효모에 오염된 알코올을 꼼꼼히 관찰했어요. 파스퇴르는 그 어떤 미생물도 아무것도 없는 상태에서 발생하지 못하며 분명 '부모'의 자격을 갖춘 무언가가 있을 거라고 생각했어요. 살균한 액체 속에서 미생물이 저절로 생겨나 번식할 수 없다고 믿었기 때문이에요. 하지만 과학 아카데미의 회원들을 설득하려면 실험으로 증명해 보여야 했어요.

파스퇴르와 푸셰는 몇 년에 걸쳐 자신의 주장이 옳다는 근거를

푸세
살균한 건초 용액
깨끗한 배양액
오염된 배양액
파스퇴르
살균한 효모 용액
깨끗한 배양액
사라진 병원균

과학적으로 증명하기 위해 애썼어요. 유리 플라스크 속에 밀폐한 뒤 섭씨 100도가 넘는 온도로 가열한 액체에서 과연 미생물이 자라날 수 있을까요?

파스퇴르는 맥주의 효모와 섞은 용액을, 푸셰는 건초를 우려낸 용액을 실험에 사용했어요. 파스퇴르의 용액은 시간이 지나도 맑은데 푸셰의 용액은 시간이 지나자 균 때문에 뿌예졌어요. 푸셰가 번번이 실험에 성공할 때마다 파스퇴르는 과학적 오류를 밝혀내려고 애썼어요. 용액을 충분히 가열하지 않았거나, 철저한 살균 과정을 거치지 않았거나……. 파스퇴르가 대기 중에서 균이 흘러들었다고 주장하자, 푸셰는 파스퇴르를 조롱하며 그게 사실이라면 공기 자체가 뿌예서 빛을 투과할 수 없을 거라고 반박했어요.

파스퇴르는 자신의 이론을 증명하기 위해 모든 가능성을 상상하고 시도했어요. 플라스크 속으로 들어오는 공기를 깨끗이 살균하기 위해 달군 백금 튜브에 통과시켜 '가열된 공기'를 만들었어요. 푸셰는 조작이라며 파스퇴르를 비난했어요. 가열된 공기는 이미 생명력을 잃어버리기 때문에 자연 발생적으로 또 다른 생명을 만들어 낼 수 없다는 거였어요.

파스퇴르는 미생물이 대기 중에 존재한다는 사실을 입증해 보이기 위해 공기를 흡수한 뒤 면 필터를 통과시켜 거르는 도구를 만들었어요. 지금의 진공청소기 원리와 비슷한 장치였지요. 파스퇴르가 필터로 사용한 면을 씻어 내자 먼지 속에서 극미 동물 같은 미생물이 발견되었어요. 그러나 푸셰는 자신의 주장에서 한 걸음도 물러서지 않고 대기 중에 미생물이 퍼져 있다면 폭우가 한 번 내릴 때마다 전염병이 돌아야 할 거라고 주장했어요.

파스퇴르는 공기를 통한 전염이 얼마나 중요한지 입증하기 위해 살균하고 밀폐한 플라스크를 들고 추위 때문에 공기 중에 미생물이 거의 없는 높은 산으로 올라갔어요. 노새에 짐을 싣고 알프스산맥을 오르고 또 올랐지요. 정상에 도착한 파스퇴르는 밀폐한 플라스크를 열었다가 다시 꽉 닫았어요. 산악 지대의 공기에 노출

백조목 플라스크

파스퇴르는 미생물이 플라스크 안으로 들어가지 못하도록 막는 동시에 '가열되지 않은' 공기가 들어갈 수 있게 새로운 도구를 만들었다. 바로 백조목 플라스크이다. 유리 플라스크에 액체를 채우고 입구를 집게로 조인 다음 뜨거운 열을 내뿜는 전등 근처에 놓아두었다가 유리 재질의 플라스크 입구가 녹아내릴 정도로 물렁해지면 집게로 에스(S) 자 모양의 가늘고 긴 관이 되도록 늘인다. 이때 공기가 흘러 들어갈 수 있도록 입구를 막지 않는다. 그런 다음 플라스크를 가열해 처음부터 안에 들어 있던 미생물을 살균하면, 새로운 미생물이 가는 플라스크 입구로 들어가더라도 에스(S) 자 형태의 관을 거슬러 올라가지 못하고 갇혀서 용액을 오염시키지 못한다. 이 도구를 사용하면 안에 든 액체를 몇 년 동안 원래의 상태로 보존할 수 있다. 세균이 침입할 수 없기 때문에 또 다른 미생물이 자연적으로 발생할 수 없는 것이다. 지금도 실험을 할 때 파스퇴르가 만든 백조목 플라스크를 이용해 무균 상태를 유지한다.

된 용액이 마을에서 실험한 용액에 비해 덜 오염되었음을 증명하는 게 중요했어요. 파스퇴르의 산행을 도전으로 받아들인 푸셰 역시 산에 올랐어요. 푸셰가 선택한 곳은 알프스산맥이 아닌 피레네산맥이었어요. 두 과학자는 실험 결과가 나올 때마다 과학 아카데미에 보고했어요.

몇 년에 걸친 두 과학자의 별난 대결은 과학계의 논쟁을 넘어 '생명을 창조하는 게 정말 이렇게 쉬운 일일까?' 하는 철학적 문제로 이어졌어요. 이제 많은 사람과 언론이 둘의 실험에 관심을 갖기 시작했어요. 토론의 장에서 양측은 각자의 지지 세력이 있었어요. 파스퇴르의 뒤에는 오직 하느님만이 생명을 창조할 수 있는 유일한 존재라고 믿는 가톨릭교회가 있고, 푸셰의 뒤에는 세상의 모든 근원이 물질이라고 주장하는 유물론자들이 있었어요. 유물론자들은 아무것도 없는 상태에서 생명이 탄생할 수 있다면 진화론도 훨씬 쉽게 받아들일 수 있다고 생각했어요.

마침 그때는 찰스 다윈이 종의 진화 체계에 관한 책을 출간한 시기이기도 했어요. 하지만 영국의 과학자 다윈은 결코 생명을 만들어 내는 일이 쉽다고 말하지 않았어요. 이처럼 다양한 의견이 서로 충돌하자 과학 아카데미는 논란에 종지부를 찍을 결정을 내리지 못하고 갈팡질팡했어요.

놀라운 반전

1864년에 파스퇴르는 승부수를 던지기로 결심했어요. 그래서 소르본대학교에서 열리는 과학의 밤 행사에 맞춰 강연회를 준비했어요. 파스퇴르는 직접 실험을 진행해 청중에게 미생물의 존재를 보여 주겠다고 장담했지요! 사람들은 그날을 기다렸고 알렉상드르 뒤마, 조르주 상드, 마틸드 공주(나폴레옹 3세의 사촌) 등 유명 인사들도 파스퇴르의 초대에 응했어요.

파스퇴르는 청중을 설득하기 위해 그럴듯한 무대를 준비했어요. 칠흑 같은 어둠 속에서 한 줄기 빛을 쏘아 올려 공기 중에 춤

추듯 돌아다니는 먼지를 보여 주었어요. 먼지를 한데 모아 현미경으로 들여다보면 그 안에서 미생물을 발견할 수 있다고 했지요.

사건의 결말

과학 아카데미가 도전 과제를 제시한 것도 벌써 오 년 전이었다. 논란에 종지부를 찍어야 할 때가 왔다. 아카데미는 대치되는 이론을 주장하는 두 과학자의 의견을 마지막으로 경청하고 결정을 내릴 위원회를 만들었다. 하지만 푸셰는 위원회의 부름에 응하지 않았다. 다섯 명으로 구성된 위원회에서 두 명이 파스퇴르의 친구였기 때문에 시작부터 자신이 졌다고 판단한 것이다. 결국 파스퇴르는 부전승으로 최후의 승자가 되었다.

그러고는 솜으로 빛 사이를 돌아다니는 먼지를 붙잡으며 어디든 공기 중에 먼지처럼 작은 생물이 존재한다고 설명했는데…… 결과는 성공적이었어요. 청중의 박수갈채가 끊이지 않았어요.

루이 파스퇴르에게 영광의 시간이 다가오고 있었어요. 파스퇴르는 자신이 존경하는 황제 나폴레옹 3세를 만나 포도주 질병 연구에 관한 공적을 돌렸어요. 황후 외제니는 파스퇴르를 콩피에뉴 성에서 열리는 파티에 초대했어요. 유명 작가를 비롯한 예술가, 외국의 귀족, 정치인이 모이는 자리였어요. 파스퇴르는 그런 사교 모임에 나가는 걸 끔찍이 싫어했지만 유력 인사들과 관계를 맺는 일에 공을 들였어요. 실험실에 필요한 장비를 갖추고 연구를 이어 나가려면 경제적 지원이 필요하다는 걸 누구보다 잘 알기 때문이었어요.

진짜 범인

사람들은 한동안 푸셰의 플라스크에 세균이 생긴 이유가 살균 과정을 제대로 거치지 않았거나 실험 결과를 조작했기 때문일 거라고 생각했다. 하지만 사실은 그렇지 않았다. 이 현상의 진짜 범인은 훗날 1876년에 발견된 '고초균'이라는 미생물이었다. 고초균은 고온이나 수분이 부족한 환경에서도 죽지 않는 질긴 생명력을 지녔다. 번식하기 힘든 환경에 놓이면 포자로 변신해 갑옷 같은 보호막을 갖추고 일종의 겨울잠 상태를 유지하며 척박한 상황에서 벗어나기를 기다린다. 푸셰가 사용한 건초에 고초균이 묻어 있어서 섭씨 100도로 가열해도 완벽한 살균이 불가능했고 언제나 문제가 발생한 것이었다.

누에를 괴롭힌 두 범인

파스퇴르는 자신이 나아갈 길을 찾았고, 프랑스에서 미생물을 연구하는 보기 드문 화학자가 되었어요. 1865년에 파스퇴르에게 새로운 임무가 주어졌어요. 역시 질병 치료에 관한 임무였지요. 하지만 이번에는 그 대상이 술이 아니었어요. '피해자'는 생명체이고, '의뢰인'은 파스퇴르의 스승인 장바티스트 뒤마였어요.

유명한 화학자인 뒤마는 양잠업을 주로 하는 가르의 상원 의원으로 활동하고 있었어요. 양잠업은 누에나방의 애벌레가 뽑아내는 부드러운 실로 실크라는 고급 천을 만드는 일이에요. 그런데 가르를 비롯한 전 세계에 누에 전염병이 돌아 양잠업자들은 하루아침에 쫄딱 망할 상황에 이르렀어요. 곤충에 대해 전혀 아는 게 없는 파스퇴르에게 결코 쉽지 않은 문제였어요. 하지만 뒤마에게 가르침을 받은 파스퇴르는 주저하지 않고 문제 해결에

나섰어요.

우선 남부 지역으로 떠나기 전, 파스퇴르는 소르본대학교에서 곤충에 관련된 수업을 들었어요. 그리고 곤충학자에게 누에가 어떻게 생겼는지, 어떤 일을 하는지 자세히 물어보았어요. 누에는 '봄빅스 모리' 나방의 유충인데, 암컷이 누에알을 낳으면 그 안에서 애벌레가 나와요. 애벌레는 뽕잎을 먹고 자란 뒤 실을 뽑아내 고치를 만들고 그 안으로 들어가 나방으로 변태할 때까지 기다리지요. 사람들은 고치에서 나오는 실로 실크를 만들어요.

파스퇴르의 의문점

양잠 농가의 누에 전염병의 원인은 무엇이고, 어떻게 해결할 수 있을까?

기초 지식으로 무장한 루이 파스퇴르는 세벤느에 있는 알레스 근처로 향했어요. 부인과 딸 마리 루이즈, 조교 에밀 뒤클로는 물론 자신을 따르는 몇 명의 학생도 함께였어요. 마을에 도착한 일행은 누에를 쳤던 어느 농가에 자리를 잡았어요. 그리고 정원에 있는 오렌지 나무 온실에 실험실을 마련했어요. 본격적인 '과학 수사'가 시작되었지요.

이전에 과학자 아르망 드 카트르파주는 병에 걸린 애벌레의 몸이 후춧가루 같은 검은 반점으로 뒤덮여 있는 걸 발견하고 '미립자병'이라는 이름을 붙였어요. 파스퇴르는 양잠업에 대한 이해와 분석을 위해 양잠 농가들을 찾아가 애벌레가 어디서 어떻게 먹고 자라는지 확인하고, '사체'를 가져와 '부검'하고 세균이 있는지를 조사했어요. 실험실에서는 학생들이 서로 번갈아 가며 현미경으로 의심스러운 물질을 관찰하고 기록했지요. 몇 달에 걸친 관찰 끝에 수사단은 감염된 나방의 사체에서 미립자 병원충을 찾아냈어요.

미립자병을 연구한 파스퇴르는 병든 나방이 자신이 낳은 알에 전염병을 옮긴다는 것을 알아냈어요. 즉, 애벌레에게 병을 옮기는 거였어요. 파스퇴르는 전염 속도를 늦추려면 미립자병에 걸린 애벌레가 태어나지 못하게 해야 한다고 판단했어요. 또한 미립자병은 주로 나방에게서 발견된다는 사실도 알아내 문제를 해결하기로 마음먹었어요. 파스퇴르가 세운 해결 계획은 철저했어요.

과학적 단서

이탈리아의 동물학자들은 병든 곤충의 몸에서 미립자 병원충을 찾아냈다. 자연 과학자인 에밀리오 코르날리아도 미립자 병원충이 건강한 곤충보다 병든 나방의 알에 훨씬 더 많다는 사실을 알아내고, 전염되지 않은 알을 지키는 가장 좋은 방법은 관찰이라고 했다. 하지만 당시 과학계에서는 코르날리아의 방법을 중요하게 여기지 않았다.

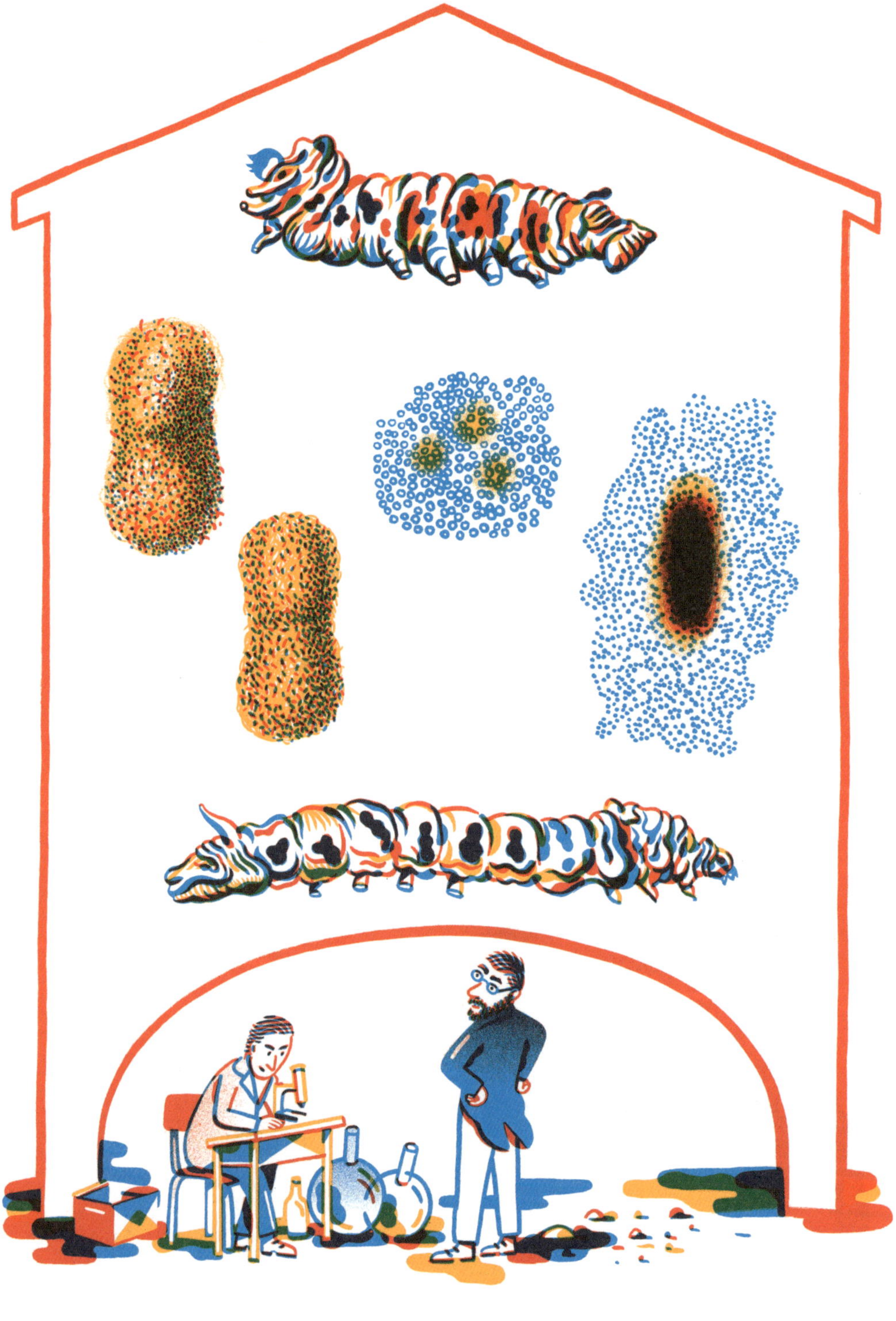

먼저 암컷이 종이 위에 알을 낳으면 암컷과 수컷을 종이봉투에 넣어 죽을 때까지 기다렸어요. 사체가 마르면 물에 담갔다가 용기에 넣고 가루로 빻은 다음 현미경으로 관찰했어요. 미립자 병원충이 보이면 나방은 미립자병에 걸린 것이기 때문에 그 나방이 낳은 알과 종이를 모두 불태웠어요. 전염되지 않았으면 알에는 아무런 문제가 없기 때문에 건강한 애벌레가 태어날 거라고 생각했어요.

파스퇴르는 양잠업자들에게 이 방법을 제안했어요. 나방의 사체를 빻고 검은 먼지를 구분해 내는 일은 간단한 교육만으로도 충분했어요. 현미경을 사용하고 싶어 하지 않는 양잠업자에게는 나방을 실험실로 보내게 해 상태를 확인해 주었어요. 그렇게 하면 실을 뽑아낼 수 없는 애벌레를 굳이 공들여 키울 필요가 없었지요.

처음에 양잠업자들은 파스퇴르가 제안한 방법을 믿으려 들지 않았어요. 하지만 일부 양잠업자들이 시험 삼아 도전해 성공적인 결과가 나오자 너도나도 파스퇴르의 방법을 받아들였어요.

하지만 몇 주간의 성공 이후에 운명은 또다시 누에를 괴롭혔어요. 정상적인 알을 선별하는 과정을 거쳤는데도 일부 애벌레가 병들어 제대로 실을 뽑아내지 못하거나 시름시름 앓다가 죽는 일이 반복되었어요. 파스퇴르 연구 팀은 이유를 알 수 없었어요. 수많

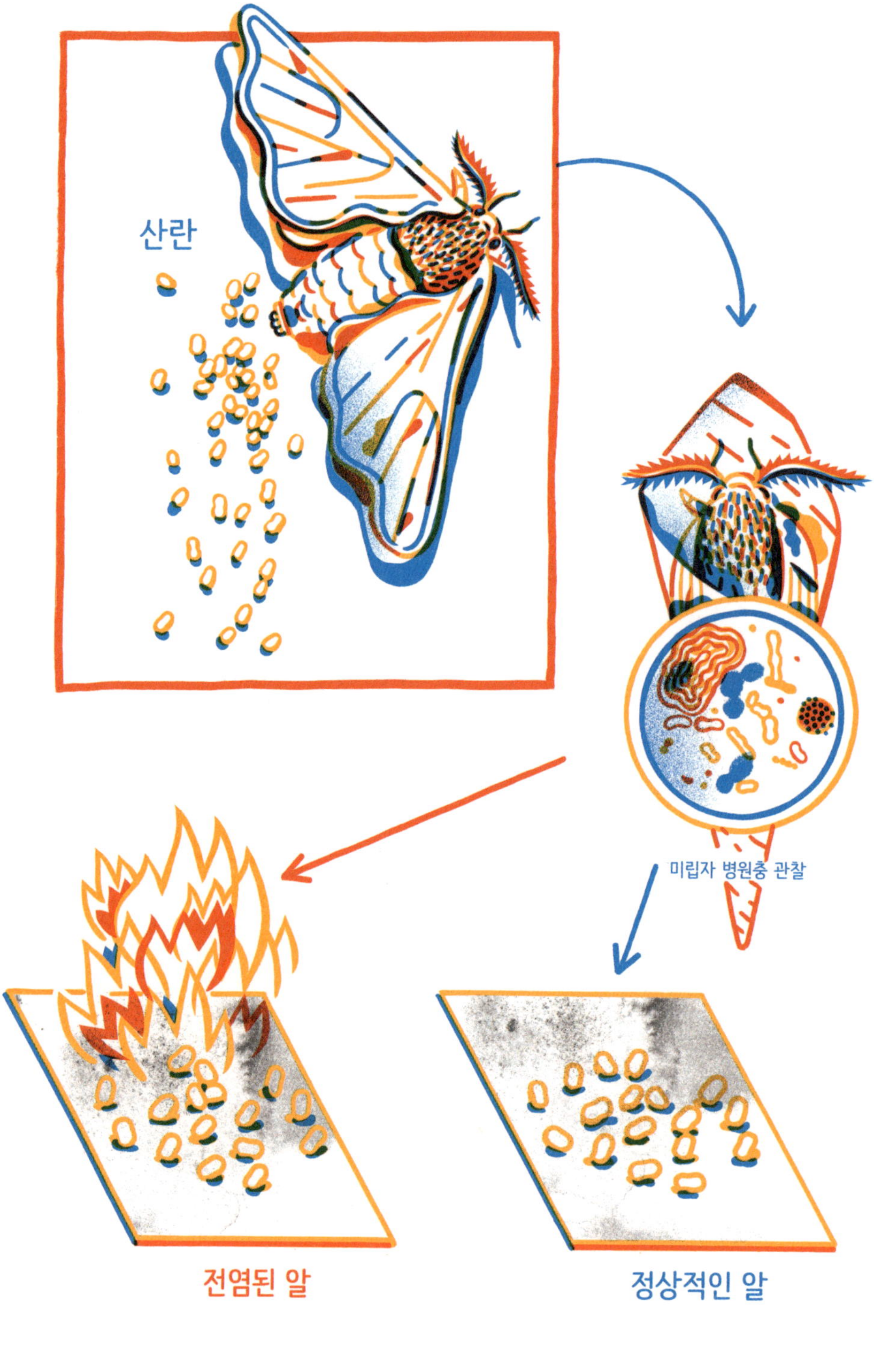
산란
미립자 병원충 관찰
전염된 알
정상적인 알

은 연구를 거쳐 해결 방법을 찾았다고 생각했기에 크게 낙담했어요. 그런데 파스퇴르의 머릿속에 '혹시 누에 질병의 종류가 한 가지가 아니라 두 가지라면?' 하는 가능성이 떠올랐어요. 그렇기 때문에 전염병에 걸린 사체에서 미립자병이 발견되지 않았다고 생각한 거예요. 연구 팀은 다시 모여 마음을 다잡고 연구를 시작했어요. 파스퇴르의 열정과 아내 마리의 보살핌은 젊은 화학자들에게 힘이 되었어요. 수백 번에 걸친 분석 끝에 연구 팀은 병든 애벌레의 내장에서 고초균을 찾아냈어요. 그런데 어떻게 고초균에 감염되었을까요? 미립자병과 마찬가지로 나방이 알에 옮긴 걸까요?

파스퇴르는 두 가지 가능성을 추측했어요. 하나는 애벌레가 뽕잎이 아니라 헛간에 쌓아 둔 축축하고 신선하지 않은 잎사귀를 먹고 자랐을 가능성, 다른 하나는 애벌레가 이미 병에 전염된 애벌레와 같은 나무에서 자랐을 가능성이었어요. 결국 병원균은 나뭇

사건 해결

질병의 종류가 두 가지라는 사실을 깨달은 파스퇴르는 애벌레를 보호하기 위해 두 번째 해결책에 몰두했다. 병이 옮는 것을 막기 위해 애벌레에게 신선한 뽕잎을 먹이고, 사육장으로 사용되는 헛간을 자주 환기시켰다. 뿐만 아니라 병든 애벌레를 먹이고 재우던 뽕나무를 잘라 냈다. 병원균이 여전히 남아 있기 때문이었다. 덕분에 양잠업자들은 전염병 걱정 없이 애벌레를 무사히 키워 실을 뽑아낼 수 있었다.

잎에서 옮겨 왔을 가능성이 높았어요. 특히 습한 곳에 오랫동안 버려두거나 내장이 병든 애벌레의 배설물이 묻은 나뭇잎이라면 더욱 그렇겠죠.

파스퇴르가 찾아낸 두 개의 효과적인 해법은 커다란 반향을 일으켰어요. 나폴레옹 3세는 파스퇴르를 이탈리아의 양잠 농장으로 보내 몇 달간 지내게 했어요. 그곳 역시 누에 전염병이 돌고 있었거든요. 화학자는 이번에도 역시 전염병을 물리치는 데 성공했어요. 그리고 유능한 과학자만 들어갈 수 있는 과학 아카데미의 회원 자격을 얻었어요. 파스퇴르는 한 단계, 한 단계 명성을 쌓아 갔어요.

세벤느에서 누에 전염병을 연구하는 동안에도 파스퇴르는 틈틈이 파리 고등사범학교에 돌아가 학교를 돌보았어요. 하지만 권위적인 성격 때문에 파스퇴르를 싫어하는 학생들이 있었어요. 어느 날, 학교 식당에서 나온 양고기 스튜가 맛없다는 이유로 학생들이 식사를 거부하자 파스퇴르는 그다음 주 내내 같은 음식을 만들라고 명령했어요. 계속해서 거부하는 학생에게는 징계를 내렸어요. 담배를 피우다가 들키는 학생은 그 즉시 퇴학시키겠다고 엄포를 놓기도 했어요. 이에 분노한 학생들이 학교를 떠나기로 결심하자, 교육부 장관까지 나서서 설득하는 상황이 벌어졌어요.

세 번째 사건은 치명적이었어요. 몇몇 학생이 일부 책을 읽지

과학 아카데미

못하게 하는 조치에 반발하며 한 상원 의원을 지지했어요. 그러자 파스퇴르는 그 학생들 중 한 명을 퇴학시켜 버렸어요. 자유를 중요하게 여기는 프랑스에서 이러한 조치는 좋지 않은 결과를 불러왔어요. 학생들의 반발이 거세지고 일부 언론이 학생들을 지지하자, 교육부 장관은 파스퇴르를 고등사범학교 운영에서 물러나게 했어요.

나쁜 세균 추격전

가르에서 임무를 마친 파스퇴르는 파리 고등사범학교의 실험실과 아르부아에 있는 별장을 오가며 지냈어요. 하지만 몸이 예전 같지 않았어요. 학생들의 거센 반발이 있고 일 년이 지난 어느 날, 뇌졸중으로 쓰러졌지요. 걷는 법부터 다시 배워야 할 정도로 오랫동안 몸을 제대로 움직이지 못했어요. 손동작도 둔해진 탓에 실험을 할 때마다 조교의 도움을 받아야 했어요. 원래 비밀이 많던 파스퇴르는 함께 연구하는 사람들과 모든 것을 공유해야 하는 상황이 익숙지 않았어요. 하지만 누군가의 도움이 꼭 필요했지요. 뇌졸중으로 쓰러진 이후에도 해야 할 일은 줄지 않았으니까요.

전염병에 관한 문제가 발생할 때마다 사람들은 파스퇴르를 찾아왔어요. 항생제가 발명되기 한 세기 전만 해도 수천 명의 목숨을 앗아가는 치명적인 질병이 많았거든요. 파스퇴르는 전염병에 민감했어요. 세 딸 중 둘을 어린 나이에 장티푸스로 잃었기 때문이에요.

과학계에서는 미생물과 관련된 모든 게 새로울 따름이었어요. 박테리아, 바이러스, 효모……. 병을 일으키는 병원균을 찾아내는 것은 물론 어디서 어떻게 자라는지 이해하기 위해서 기르는 법까지 배워야 했어요. 1865년에 파스퇴르는 파리의 라리부아지에르 병원에서 콜레라 병원균을 추적하기 시작했어요. 환자들의 병실을 돌아다니며 공기 중에 숨어 있을지 모를 병원균을 찾았어요. 그런데 정작 병원균은 환자들의 혈액 속에 숨어 있었지요. 파스퇴르는 비록 병원균 추적에는 실패했지만 연구와 조사를 거듭할 때마다 차근차근 배워 나갔어요.

병원균과의 싸움에서 파스퇴르는 혼자였어요. 눈으로 확인할 수 없을 정도로 작은 병원균이 사람이나 말을 죽음으로 몰고 간다는 사실을 믿어 주지 않았기 때문이에요. 심지어 의사들조차 병원균 같은 미생물이 질병의 원인일 거라고 생각하지 않았어요. 질병을 신비로운 수수께끼 같은 현상으로 여겼지요. 환자의 몸속에 이미 나쁜 균이 있다가 신체의 균형이 깨지면 발병한다고 믿었어요. 그래서 병을 치료하는 방법도 제각각이었어요. 피를 빼거나, 식이요법을 처방하거나, 찬물에 씻게 하거나, 시럽 약이나 증류수를 마시게 하거나…….

파스퇴르는 실험실에서 미생물과 세균을 관찰하며 대부분의 시간을 보냈어요. 아직은 시작 단계여서 연구 기술이나 방법이 걸음마 수준이었어요. 파스퇴르는 미생물의 '생명 보존'을 위해 소변이나 고기 조각 속에 보관해 '영양분'을 섭취할 수 있는 환경을 만들고, 미생물에게 '자백'을 받아 내기 위해 일종의 '고문'을 했어요. 산성 용액에 담가 두고, 데우고, 바싹 말리고, 공기를 바꿔 주기도 했어요. 미생물이 무엇을 좋아하는지, 무엇을 싫어하는지 알고 싶었지요.

까다롭고 권위적이라는 평가에도 젊고 유능한 과학자들이 파스퇴르와 함께 연구하기를 원했어요. 과학자 에밀 뒤클로를 비롯한 여러 과학자들이 파스퇴르의 뒤를 이었어요. 생물학자 샤를 샹베를랑과 의사 에밀 루도 함께했지요. 여러 과학자들의 합류는 파스퇴르에게 큰 힘이 되었어요.

경쟁자

어느 날, 파스퇴르는 위협적인 경쟁자를 만났어요. 바로 독일의 과학자 로베르트 코흐였어요. 파스퇴르보다 어리지만 미생물에 큰 관심을 가지고 있는 의사였어요. 코흐는 자신의 진료실 옆에 실험실을 만들고 아내와 딸의 도움을 받아 미생물을 배양하는 새로운 도구를 만들었어요. 코흐의 발명품은 프랑스의 경쟁자들 것

뒤클로 샹베를랑 루

코흐

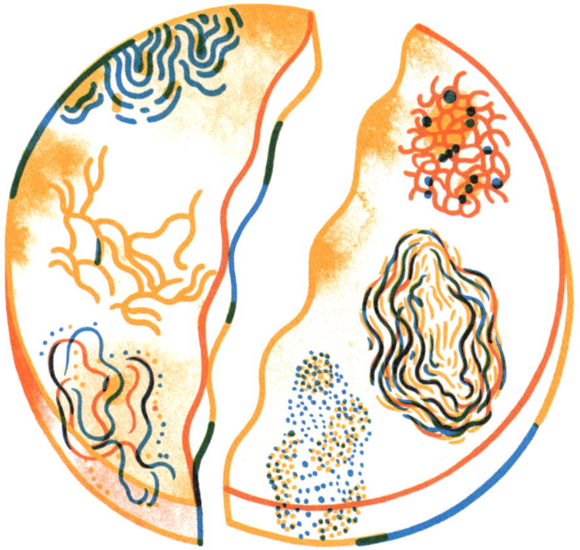

보다 훨씬 더 효과적이었어요. 젤라틴 형태의 투명한 음식에 미생물을 보관하는 방법은 같은 종류의 박테리아 무리를 쉽게 분리하거나 얻을 수 있었어요. 코흐는 불과 몇 년 사이에 유명해졌고, 병원균의 실체를 밝히는 연구에서 프랑스 과학자 파스퇴르의 강력한 경쟁자가 되었지요. 파스퇴르가 아이를 낳은 산모를 산욕열로 죽게 하는 연쇄상 구균의 실체를 밝혀내자, 독일의 경쟁자 코흐는 장티푸스와 디프테리아의 원인균과 콜레라를 일으키는 비브리오균의 정체를 밝혀냈어요.

파스퇴르는 의사가 아니기에 환자를 대상으로 임상 실험을 할 기회가 거의 없었어요. 게다가 일부 병원은 파스퇴르가 찾아오는 걸 반기지 않았어요. 의학 협회 회원으로 인정은 받았지만 파스퇴르가 주장한 이론은 많은 의사들의 심기를 불편하게 했기 때문이에요. 의사들은 자신의 손이나 의료 도구를 통해 미생물이 전염되어 환자가 병에 걸린다는 사실을 믿으려 하지 않았어요. 그래서 눈에 보이지도 않는 병원균을 없애기 위해 의료 도구를 불에 데우거나 산성 용액에 담그는 걸 성가시게 여겼지요.

파스퇴르의 의문점

인간이나 동물에게 병을 퍼뜨리지 못하게 병원균을 약화시키는 방법이 있을까? 그리고 그 병원균으로 병을 치료하는 백신을 만들 수 있을까?

농림부 장관의 부탁을 받은 파스퇴르는 농부들을 힘들게 하는 가축 질병에 관심을 갖고 연구했어요. 가장 먼저 연구한 가축 질병은 '닭 콜레라'였어요. 닭 콜레라는 많은 사람을 죽음으로 몰고 간 콜레라와 비슷한 전염병이에요. 파스퇴르는 병원균이 번식하는 환경에 변화를 주면 힘을 약화시킬 수 있다는 사실을 알았어요. 특정한 조건이 만들어지면 독성을 잃고 병을 퍼뜨릴 수 없게 되었지요.

전환점

1796년에 영국의 의사 에드워드 제너는 소젖을 짜는 농부들은 천연두에 걸리지 않는다는 사실을 눈여겨보았다. 반면에 소들은 심각한 질병은 아니지만 천연두와 비슷한 우두에 걸리곤 했다. 제너는 농부들이 젖소를 만지면서 우두에 걸리기 때문에 오히려 천연두로부터 안전한 게 아닐까 생각했다. 그래서 우두에 걸린 젖소의 부스럼을 채취해 여러 사람에게 주입하는 실험을 했다. 그 결과, 천연두에 걸리지 않는다는 사실을 확인했다. 사람의 몸속에서 병원균을 골라내 병을 퍼뜨리기 전에 죽게 만드는 힘을 갖춘 것이다. 우두는 독성이 약화된 일종의 천연두였다. 이 원칙에 따라 '백신'이 탄생했다.

제너의 발견을 보고 파스퇴르는 약화된 병원균을 가축에 주입하면 질병으로부터 보호할 수 있을 거라고 생각했어요. 그리고 인간을 천연두로부터 보호하는 '백신'의 범위에 전염성 질병으로부터 보호하기 위해 약화된 병원균을 주입하는 모든 행위를 포함하

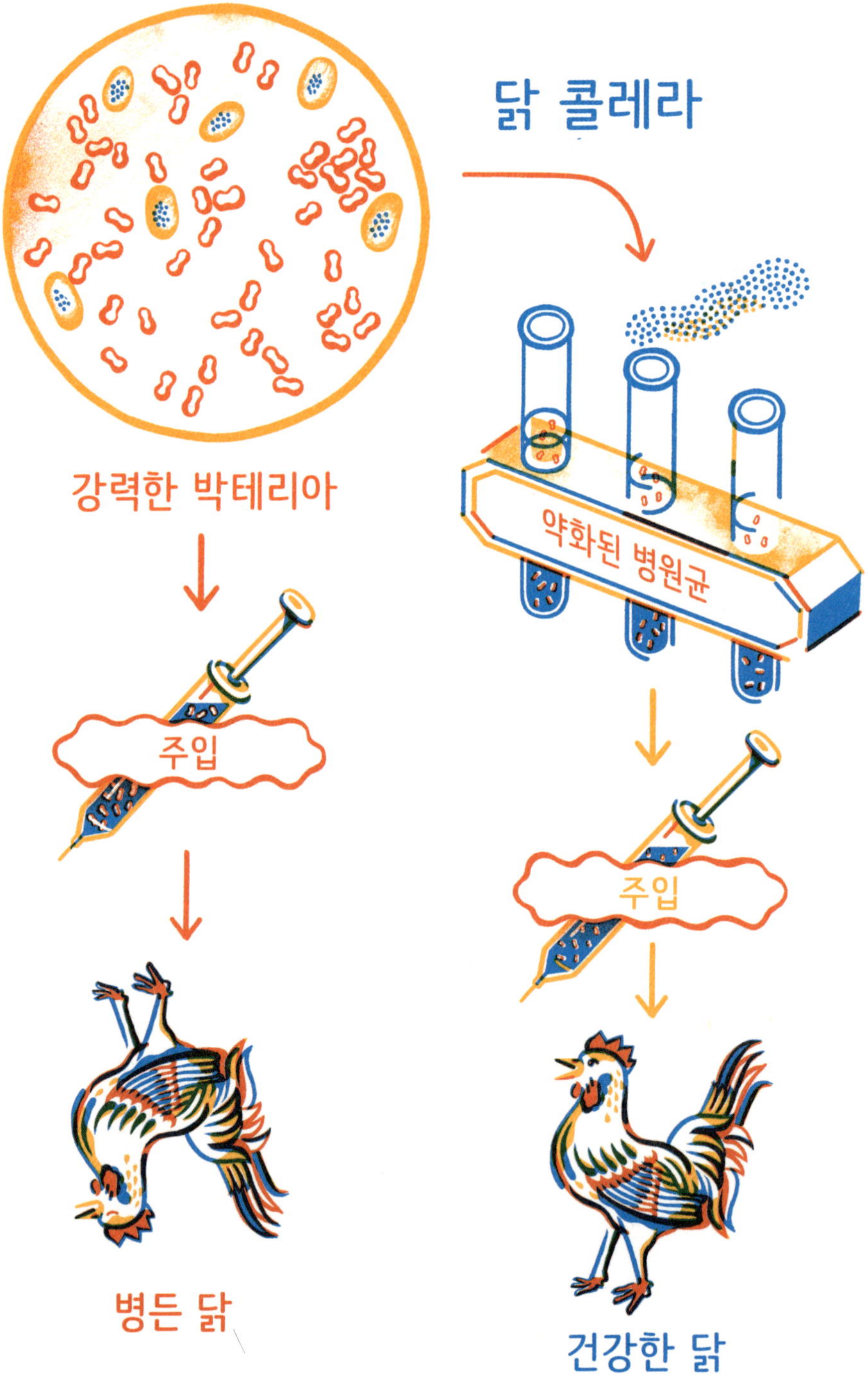
닭 콜레라
강력한 박테리아
약화된 병원균
주입
주입
병든 닭
건강한 닭

자고 제안했어요. 진정한 백신의 탄생이었지요.

파스퇴르는 닭 콜레라 병원균의 병독성을 약화시키기 위해 공기와 닿게 하는 환경을 만들었어요. 병독성을 잃는 이유를 구체적으로 설명할 수 없었지만 결과는 효과적이었어요. 파스퇴르는 사람들이 건강한 닭을 키울 수 있도록 백신의 양을 조절해 가며 여러 차례 실험을 했어요. 덕분에 백신을 접종한 닭들은 더 이상 콜레라에 걸릴까 걱정할 필요가 없어졌지요.

사건 해결

가축을 질병으로부터 보호하려면 병원균을 약화시키는 방법을 찾아야 한다. 백신은 그렇게 만들어졌다. 어떤 병원균은 산소와 만나면 약해지지만, 어떤 병원균은 가열하거나 산에 담가 놓으면 약화시킬 수 있다. 병원균마다 약점이 다르기 때문에 그것을 찾아내는 게 과학자의 임무이다.

다음 도전 과제는 탄저병이었어요. 파스퇴르는 닭 콜레라와 마찬가지로 백신을 만들기 적당하게 병원균의 병독성을 약화시키는 방법을 연구했어요. 하지만 어려움에 부딪치고 말았어요. 까다로운 탄저균 때문이었어요.

탄저균은 공격을 받는 즉시 포자 형태로 모습을 바꿔 보호막을 뒤집어썼어요. 게다가 이 보호막은 고온이나 영양분이 없는 극한 환경에서도 병원균을 지켜 냈어요. 파스퇴르는 탄저균의 영향력

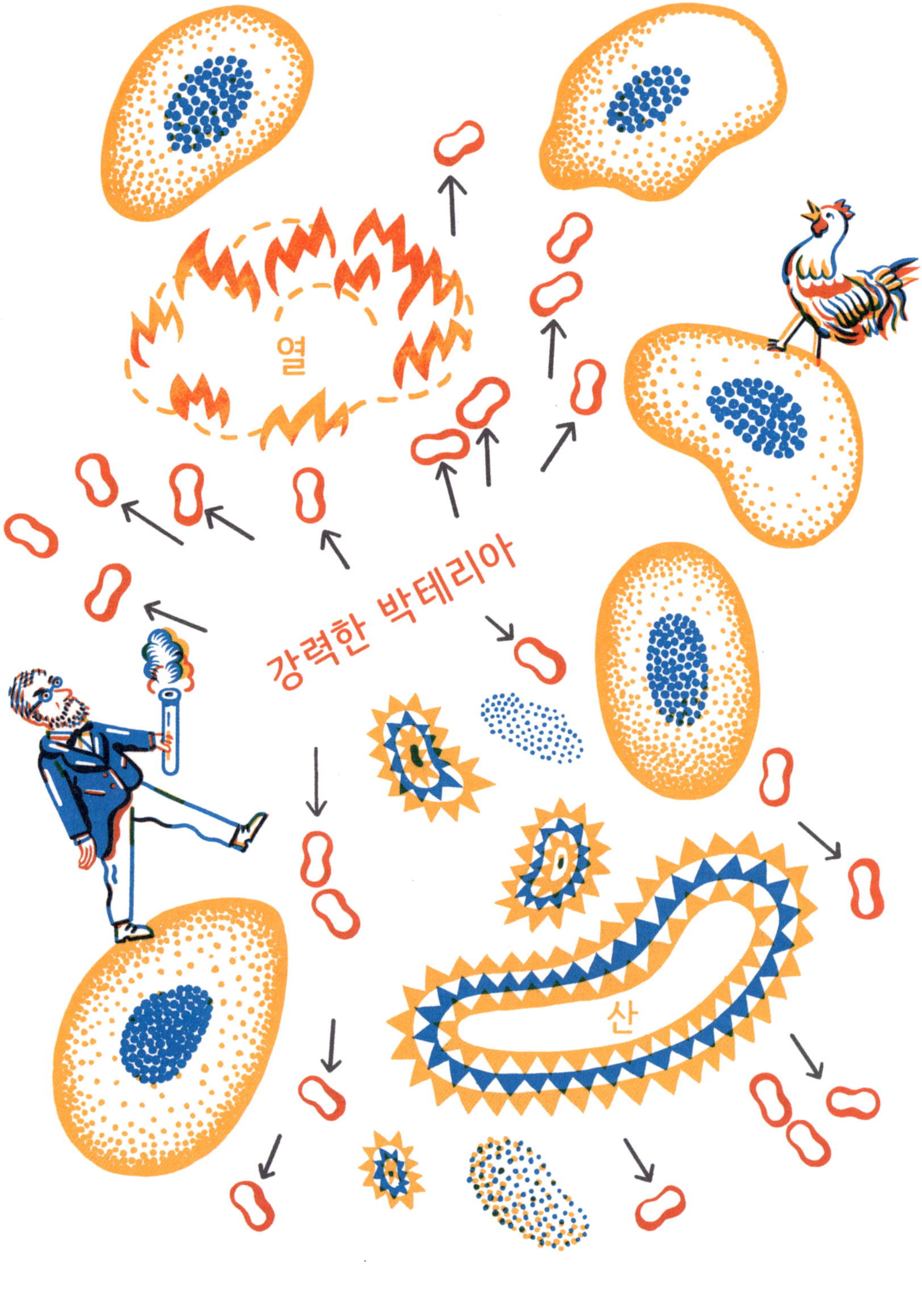
열
강력한 박테리아
산

을 약화시키면서 동시에 포자로 변하지 못하게 막는 두 개의 도전 과제를 해결해야 했어요.

수많은 실험을 거쳐 파스퇴르와 과학자들은 해결 방법을 찾아냈어요. 하나는 파스퇴르가 제안한 것으로, 탄저균을 섭씨 42~43도에서 기른 뒤 공기와 접촉시키는 방법이었어요. 다른 하나는 샹베를랑과 루가 제안한 것으로, 탄저균을 박테리아가 퍼지지 못하게 하는 살균성 화학 약품과 같이 배양하는 방법이었어요.

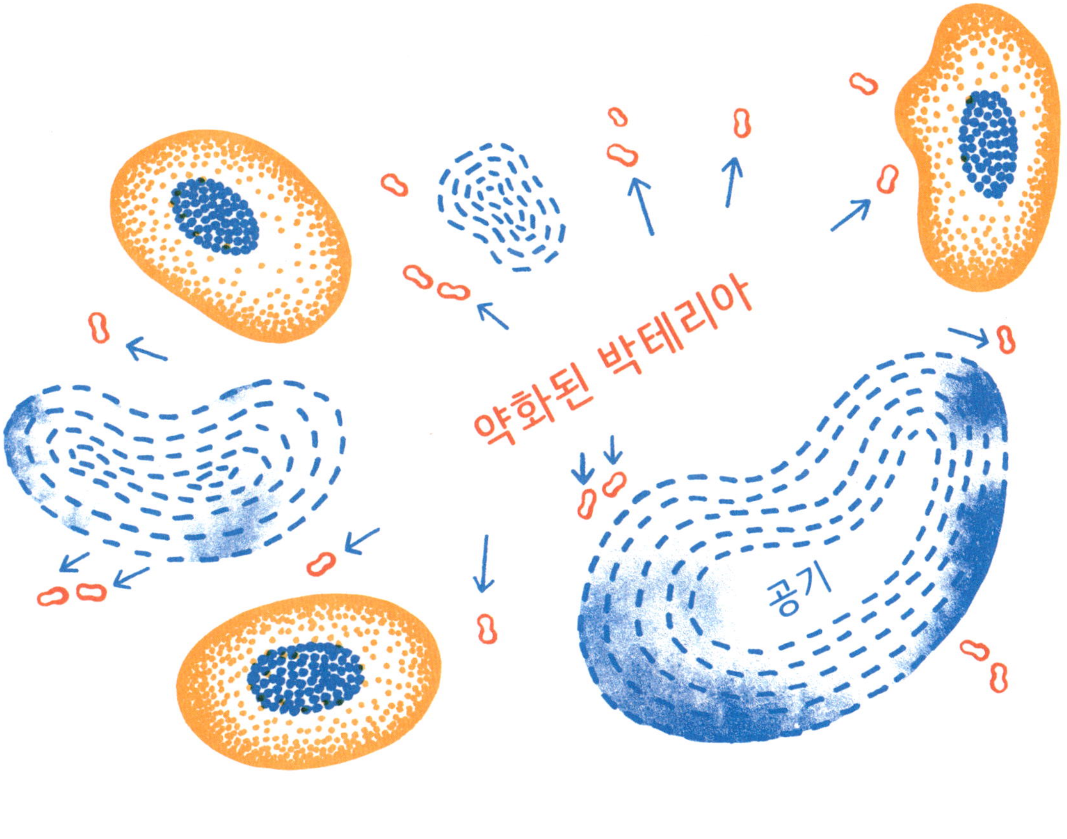

탄저균

한 수의사가 백신을 만들었으면 그 결과를 공개하라고 요구하자 파스퇴르는 이를 받아들였어요. 실험은 센에마른의 푸이르포르에 있는 농장에서 진행되었어요. 연구에 참여한 루와 샹베를랑도 함께였어요. 의사인 루가 농장에 있는 염소 50마리 중 25마리에게 백신을 접종하고 구분하기 위해 귀에 구멍을 뚫었어요.

3주가 지난 뒤, 염소 50마리 모두에게 탄저균을 접종하고 어느 쪽이 병에 걸리는지 관찰했어요. 기다림의 순간은 초조했어요. 그런데 일주일이 지나자 백신을 접종받은 25마리를 제외한 나머지 염소 25마리가 모두 죽어 버렸어요.

실험에 참석한 학자와 기자들은 파스퇴르를 축하해 주었어요. 하지만 파스퇴르는 성공의 기쁨에 빠져 다른 두 동료가 생각해 낸 방법이 바탕이 되었다는 사실을 '깜빡 잊고' 알리지 않는 실수를 했어요. 실험에 성공한 뒤, 파스퇴르는 샹베를랑과 함께 탄저균 백신을 만들어 전 세계에 팔았어요.

영광스러운 광견병 수사

파스퇴르의 마지막 과학 수사는 마침내 그토록 꿈꾸던 영광을 가져다주었어요. 오늘날 프랑스 대부분의 도시에서 프랑스가 낳은 세계적인 과학자의 이름을 딴 거리를 쉽게 찾아 볼 수 있지요. 그리고 세상 사람들 대부분은 최초의 광견병 백신을 만든 과학자가 루이 파스퇴르라는 걸 알고 있어요.

파스퇴르는 왜 광견병에 관심을 가졌을까요? 아마 대단한 도전을 의미하기 때문이었을 거예요. 프랑스에서 광견병으로 죽는 사람은 일 년에 백여 명밖에 되지 않았지만, 환자가 겪는 환각과 마비 증상은 아주 끔찍했어요. 그런데 아무도 병원균의 실체를 밝히지 못하고 있었지요. 광견병을 계기로 파스퇴르는 위협적인 상대와 승부를 벌였어요.

그 상대는 박테리아보다 백 배 정도 크기가 작고 살아 있는 세

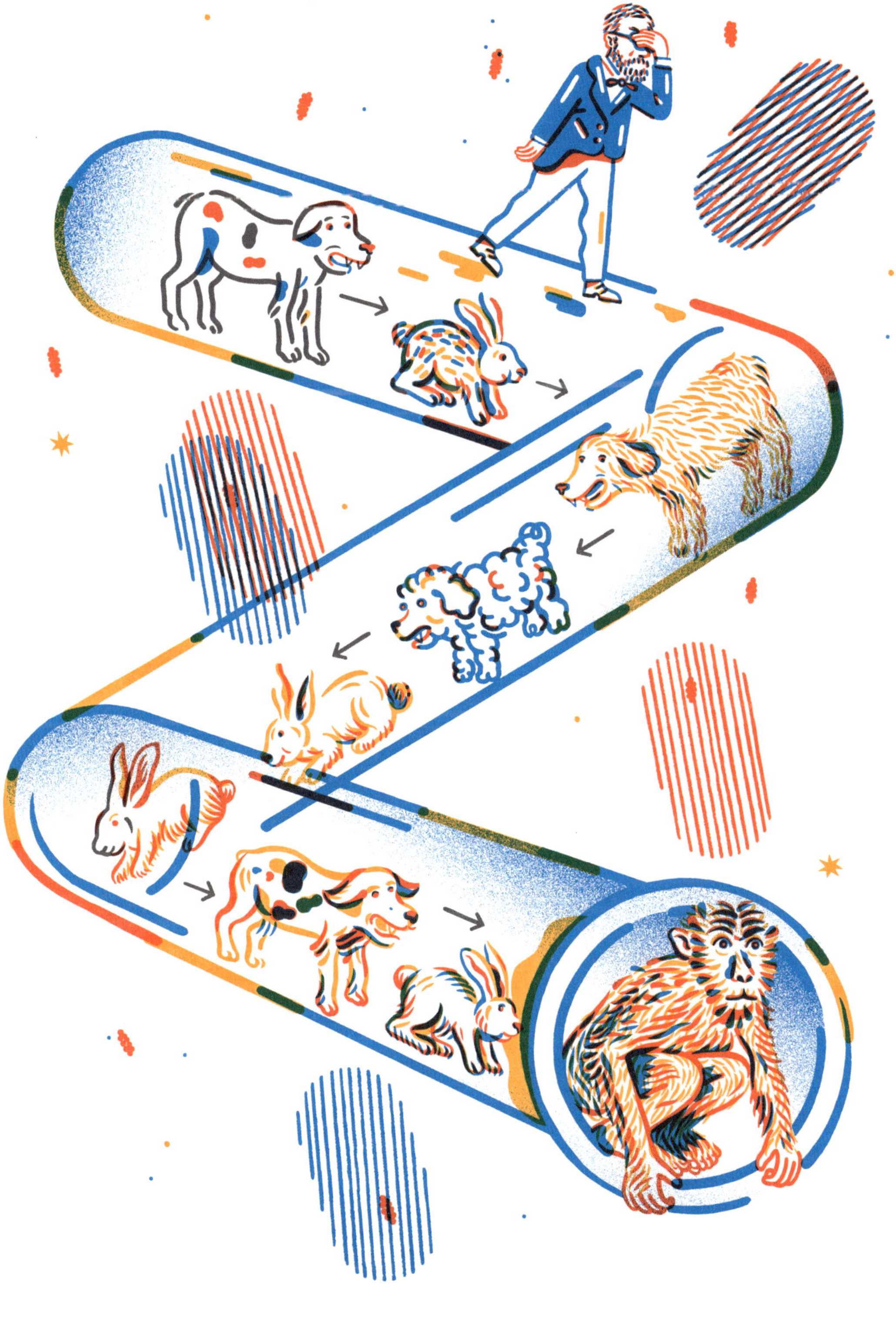

포 속에 사는 바이러스였어요. 19세기만 해도 바이러스의 존재를 확인할 수 있을 만큼 배율이 높은 현미경이 개발되지 않아서 전자 현미경이 발명될 때까지 뾰족한 수가 없었어요. 크기가 너무 작아서 눈으로 찾아내거나 유리 플라스크에 넣어 기르기 힘들었지만 파스퇴르는 흔들리지 않았어요.

파스퇴르는 연구를 위해 병원균을 한 동물에서 다른 동물로 전염시키는 방법을 시도했어요. 광견병에 걸린 개의 침을 건강한 다른 개에게 넣자, 건강하던 개가 광견병에 걸렸어요. 침을 통해 바이러스가 옮겨 간다는 걸 알아냈지요. 실험 대상을 토끼로 바꿔도 결과는 마찬가지였어요. 파스퇴르는 다른 동물들도 실험 대상으로 삼았어요. 광견병에 걸린 개의 침과 피, 심지어 뇌와 척수 조각을 주입하기도 했어요. 바이러스는 그런 식으로 개에서 토끼로, 토끼에서 다른 동물로, 또 다른 동물로, 그리고 다시 개로 옮겨 왔어요. 그렇게 동물 수백여 마리를 대상으로 실험을 이어 나갔지요.

이전에 사용하던 방법으로는 병원균의 병독성을 낮출 수 없었어요. 바이러스를 기를 배양액이 없었기 때문이에요. 하지만 몇 달이 지나는 동안 파스퇴르는 해법을 찾아냈어요. 원숭이를 통해서였지요. 광견병에 감염된 원숭이 침 속의 바이러스가 다른 개를 감염시킬 정도로 강하지 않다는 사실을 알게 된 거예요. 물론 병원균의 실체를 파악해 백신을 만들 수 있을 만큼의 독성은 지니고 있었지요.

이번 도전은 이전에 비해 매우 복잡했어요. 개에게서 옮는 광견병이 사람에게 피해를 입혔거든요. 환자를 치료하려면 몸속에서 병이 커지는 걸 막아야 하는데 광견병의 병원균은 잠복기를 거친 다음에 본색을 드러냈어요.

다시 말해, 광견병에 걸린 개나 늑대에게 물리면 대략 한 달이 지나서야 증상이 나타나는 거예요. 파스퇴르는 그 시간 차이를 활용했어요. 광견병 증상이 나타나기 전에 미리 몸속에 병원균에 맞서 싸울 수 있는 힘을 갖춰 놓는 거지요.

파스퇴르의 생각은 옳았어요. 하지만 실행하기까지 해결해야 할 문제가 한두 가지가 아니었어요. 우선 약한 바이러스부터 점점 강한 바이러스 순서로 주입해 병원균의 영향력을 단계적으로 낮추는 방법을 찾아야 했어요. 하지만 광견병의 병원균이 어떻게 생겼는지도 모르는 상황에서 백신의 강도 조절은 불가능에 가까웠어요.

어느 날, 파스퇴르는 루의 선반에서 기다란 플라스크를 발견하고 자신이 먼저 떠올리지 못한 걸 속상해했어요. 그리고 자신이 '발견'한 남의 물건을 실험실로 가져왔지요. 덕분에 파스퇴르는 광견병 백신을 완성했어요.

파스퇴르는 플라스크 안에 토끼의 척수를 넣고 꼼꼼히 날짜를 기록했어요. 병원균이 약해지는 기간을 정확히 파악하기 위해서였어요. 그리고 보관 기간이 오래된 것부터 최근 순으로 병원균을 주입했어요. 이 과정을 거치면 점점 더 강해지는 병원균에 적응해 몸이 스스로 방어하는 법을 익힐 수 있기 때문이에요. 예를 들어 15일 된 병원균, 12일 된 병원균, 10일 된 병원균 등 점점 보관 기간이 짧은 병원균을 백신으로 주입하는 방법이지요.

사건 해결

의사인 에밀 루가 고안한 방법 덕분에 광견병 백신의 개발은 점점 현실이 되었다. 바이러스가 토끼의 뇌와 척수에서 살아남는 건 이미 밝혀진 사실이었는데, 루는 토끼의 척수를 기다란 플라스크에 넣고 두 개의 입구를 통해 산소를 주입시켰다. 플라스크 아래쪽에 소르빈산 칼륨을 넣어 습기를 빨아들이자 감염된 척수에서 서서히 물기가 사라졌다. 이 과정을 거치면서 병원균은 점점 힘을 잃어 갔다.

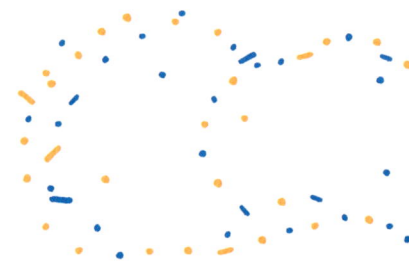

공기

실험이 계속되는 동안 파스퇴르의 계획은 효과가 있었어요. 2주에 걸쳐 열 차례, 강도가 각기 다른 바이러스를 주입했더니 실험에 사용된 개가 더 이상 광견병에 걸리지 않았어요. 광견병에 저항력이 생겼기 때문이에요.

한편 자신의 허락도 없이 플라스크를 가져간 사실을 알게 된 루는 화가 머리끝까지 치밀어 파스퇴르의 곁을 떠나 버렸어요. 하지만 이후에 새로운 백신의 효능에 대한 의심이 일자 다시 돌아와 파스퇴르와 함께 실험했어요.

얼마 뒤, 과학자 루이 파스퇴르의 인생에서 가장 극적인 순간이 찾아왔어요. 파스퇴르는 자신이 개발한 광견병 백신이 개에게 효과가 있는 것으로 알려졌지만 분명 사람에게도 효과가 있을 거라고 생각했어요. 하지만 의사들은 사람을 대상으로 임상 실험을 하는 것은 옳지 않다고 주장했어요. 함께 연구하던 루마저도 반대했지요.

그런데 광견병 백신을 접종받겠다는 첫 번째 '사람' 환자가 나타났어요. 아홉 살 소년 조제프 메스테르였어요. 1885년 7월 4일, 알자스에 사는 소년이 동네 식료품점 주인이 키우는 개에게 물렸어요. 공교롭게 광견병에 걸린 개였죠. 여러 군데를 물려서 사람들은 광견병이 아이에게 전염된 게 분명하다고 생각했어요. 절망에 빠진 소년의 어머니는 아이를 데리고 파리에 살고 있는 파스퇴르

1
2
3
4
5
6
7
8
9
10
11
12
13

를 찾아갔어요. 파스퇴르가 백신을 만들었다는 소문을 들었기 때문이에요. 소년의 어머니는 아들에게 백신을 접종해 달라고 부탁했어요.

파스퇴르는 무척 난처했어요. 하지만 소년은 곧 죽게 될지 모를 상황이었어요. 결국 파스퇴르는 연구실에 침대를 마련했어요. 루가 곁을 떠난 뒤라 의사인 자크 조제프 그랑셰가 백신 주사를 놓았어요. 주사는 한 번만 맞아도 끔찍할 정도로 고통스럽지만, 매번 강도가 세지는 병원균을 열세 차례나 맞아야 했어요. 그리고 조제프는 광견병에 걸리지 않았어요!

철저히 비밀리에 조제프의 임상 실험을 진행한 파스퇴르는 언론과 과학 아카데미에 소식을 전했어요. 단 한 번의 성공으로 백신의 효과를 입증할 수 없는데도 순식간에 환자들이 찾아와 임상 실험을 부탁했어요. 개에게 물려서, 예방을 위해서 백신을 맞겠다는 사람들이 점점 늘어났어요. 심지어 러시아의 스몰렌스크나 미국에서 찾아오는 사람들도 있었어요. 에밀 루 덕분에 논쟁이 된 부분을 깔끔히 해결해 영광의 순간이 찾아왔지요.

파스퇴르 연구소

백신을 접종받으려고 밀려드는 사람들을 보면서 파스퇴르는 자신이 개발한 치료법을 널리 알리고 완성도를 높일 연구소를 지어야겠다고 생각했어요. 파스퇴르는 설립 자금을 마련하기 위해 의학 아카데미의 도움을 받아 여러 신문에 광고를 실었어요.

그러자 전 세계에서 기부금을 보내왔고, 무려 이백만 프랑을 넘어섰어요. 조제프에게 첫 백신을 접종하고 삼 년이 지난 뒤, 프랑스 대통령 사디 카르노는 파스퇴르 연구소의 개관 소식을 널리 알렸어요. 파스퇴르 연구소는 광견병 치료에 중점을 두었지만 모든 종류의 심각한 전염성 질병을 연구했어요.

파스퇴르는 새로운 연구소에 뒤클로, 샹베를랑, 그랑셰, 루 등 자신과 함께 연구했던 과학자와 의사들을 불러들였어요. 뿐만 아니라 파스퇴르와 함께 연구한 과학자들은 호찌민, 튀니스, 알제, 브라자빌 등지로 나가 파스퇴르 연구소를 설립했어요. 뇌졸중으로 쓰러져 일흔두 살의 나이에 세상을 떠나기 전까지 파스퇴르는 이십 년간 위대한 과학자로 인정받았어요.

'루이 파스퇴르'라는 이름은 전염병과 백신 분야에서 빼놓을 수 없는 상징이 되었지요.

파스퇴르의 과학 용어

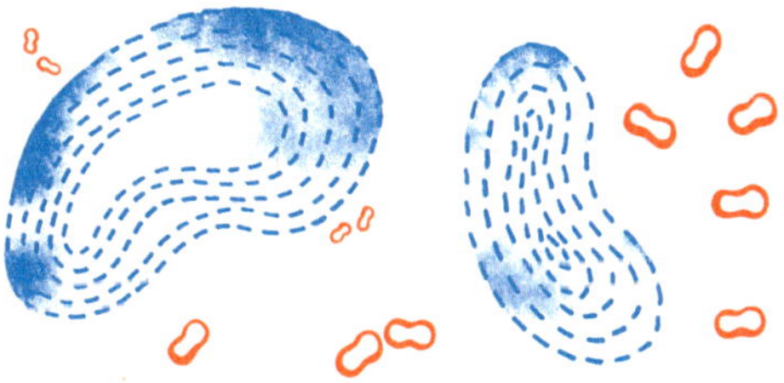

결정체 원자, 분자 등이 일정한 규칙에 따라 배열되어 형체를 이룬 물질이에요.

디프테리아 6개월에서 15세 사이의 아이에게 많이 발병하는 전염병이에요. 주로 열이 나고 목이 붓고 많이 아파요.

무기물 생명이 없는 물질로 물, 공기, 돌 등이 있어요.

무기질 생명체를 유지하는 데 필요한 영양소예요. 칼슘, 물, 요오드 등이 있어요.

미립자 먼지처럼 눈으로 볼 수 없는 아주 작은 물질 구성원이에요.

바이러스 동물, 식물, 세균 등의 세포에 기생하는 전염성을 가진 병원균이에요.

박테리아 하나의 세포로 이루어진 미생물이에요. 눈으로 볼 수 없을 만큼 작고 공 모양, 막대 모양, 나선 모양 등이 있어요. 효모나 유산균처럼 발효를 해서 우리에게 유익한 물질을 만들어 내는 박테리아도 있지만, 비브리오균이나 탄저균처럼 질병을 일으키는 박테리아도 있어요.

배양액 식물이나 세균, 세포 등을 기르는 데 필요한 영양소가 들어 있는 액체예요.

병원충 병을 일으키는 원인이 되는 하나의 세포로 구성된 원생동물이에요.

분자 물질의 성질을 가진 최소 단위 입자이며 일반적으로 여러 가지 원자가 결합한 형태예요. 예를 들어 산소 원자 한 개와 수소 원자 두 개가 결합하면 물 분자가 돼요.

비브리오균 살짝 굽은 막대나 콤마 모양으로 생긴 세균이에요. 콜레라나 장염 같은 병을 일으켜요.

산욕열 아기를 낳을 때 생식기 상처 속에 병원균이 침입해 생기는 위험한 병이에요.

섬모충 짚신벌레, 종벌레처럼 가는 실 모양 털이 있는 원생동물이에요.

연쇄상 구균 목걸이처럼 서로 연쇄적으로 연결된 균 무리예요. 산욕열, 패혈증 등을 일으켜요.

우두 천연두를 예방하기 위해 소에서 뽑아낸 면역 물질이에요.

원자 세상에 존재하는 모든 물질을 구성하는 작은 조각이에요. 산소, 철, 탄소, 금 등 대략 백여 가지의 서로 다른 원자가 있어요.

유산균 물에 잘 녹고 단맛이 나는 당류를 분해하여 신맛이 나는 젖산을 만드는 균이에요. 유산균 발효 음식에는 김치, 요구르트, 치즈 등이 있어요.

장티푸스 티푸스균이 일으키는 전염병이에요. 열이 나고 배가 엄청나게 아프고 설사 등을 해요.

젖산 포도당이나 젖당 등의 발효로 만들어지는 무색무취의 신맛이 나는 액체예요.

척수 뇌에서 시작되는 중추 신경 계통 부분으로 척주관 속에 있으며 원기둥 모양이에요.

천연두 천연두 바이러스가 일으키는 전염병이에요. 열이 나고 온몸에 발진이 생겨요.

탄저균 비교적 크고 저항력이 센 세균이에요. 가축이나 사람이 탄저균에 감염되면 피부에 석탄처럼 검은 얼룩과 급성 염증이 생기는 탄저병에 걸려요.

편광 일반적인 빛은 여러 방향으로 진동하지만 편광은 일정하게 고정된 방향으로 진동하거나 규칙적으로 변하면서 진동해요. 일반적인 빛과 편광을 눈으로 구분하는 것은 불가능해요.

포자 일반적으로 미생물의 생식 세포를 의미하지만, 세균이 생존하기 힘든 환경에서 스스로 만들어 내는 특수한 형태도 포자라고 해요. 열, 강한 화학 물질, 방사선 등에도 수년에서 수백 년까지 견딜 수 있어요.

피펫 액체의 부피를 정확히 측정해서 옮길 때 사용하는 유리관이에요.

효모 발효를 촉진하는 균류로 포도주나 맥주, 빵, 항생제 등을 만들 때 사용해요. 파스퇴르가 연구하던 시절에는 박테리아를 비롯한 발효와 관련된 모든 것을 '효모'라고 불렀어요.

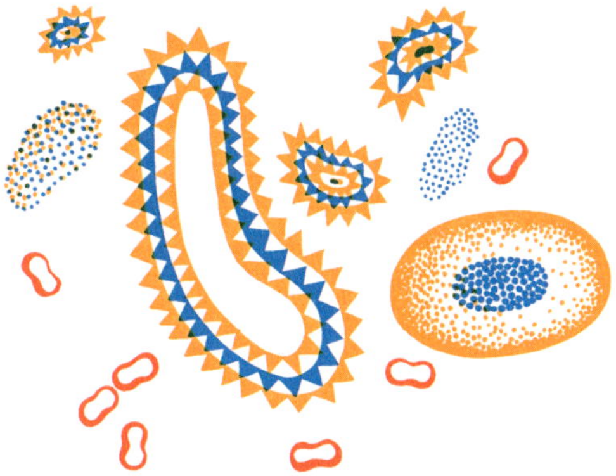

파스퇴르의 생애

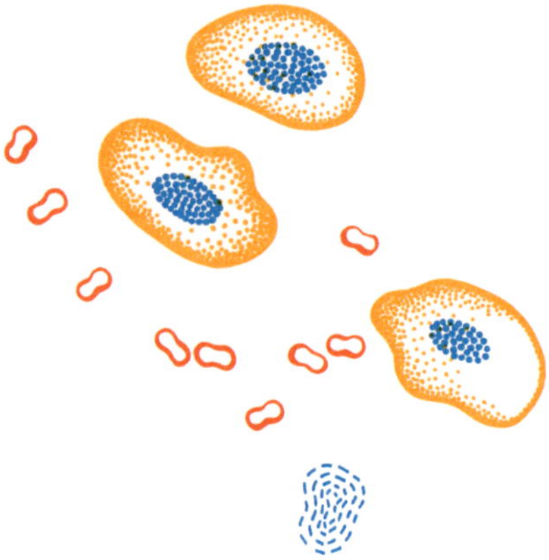

1822 12월 27일에 프랑스 동부의 작은 도시 돌에서 태어났어요.

1848 타르타르산과 라세미산의 수수께끼를 해결했어요.

1849 5월 29일에 스트라스부르에서 마리 로랑과 결혼했어요.
이후 딸 넷과 아들을 낳았어요.

1857 젖산 발효와 알코올 발효에 관한 논문 두 편을 발표했어요.

1862 몇 번의 실패 끝에 프랑스 과학 아카데미의 광물학 회원이 되었어요.

1863 포도주가 상하는 걸 막기 위해 몇 분간 데운 뒤 식혀서 보관하는 저온 살균법을 연구했어요.

1864 6년에 걸친 연구 끝에 자연 발생설의 문제점을 밝혔어요.

1865 누에의 질병 연구를 시작했어요.

1865~1866 아버지 장조제프 파스퇴르와 두 살 난 딸 카미유가 죽었어요.
딸 세실이 열세 살에 죽었어요.

1867 연구서《포도주의 발효》를 출간해 만국 박람회에서 대상을 받았어요.

1868 뇌졸중으로 쓰러졌어요.

1879 딸 마리 루이즈 파스퇴르가 작가 르네 발레리 라도와 결혼했어요.
파스퇴르는 사위를 아꼈고, 사위는 파스퇴르의 연설문을 도왔어요.

1879~1880 닭 콜레라를 치료하는 균을 길러 백신을 만들었어요.

1881 레지옹 도뇌르 훈장을 받았어요.
푸이르포르의 한 농장에서 양 백신 접종 실험을 공개적으로 보여 주었어요.

1884 르네 발레리 라도가 쓴 파스퇴르의 첫 전기가 세상에 나왔어요.

1885 광견병에 걸린 소년 조제프 메스테르에게 백신 주사를 놓았어요.
뇌졸중으로 다시 쓰러졌어요.

1888 파리 15구에 파스퇴르 연구소를 세웠어요.

1895 9월 28일에 일흔두 살의 나이로 세상을 떠났어요.
정부는 팡테옹 국립묘지를 권했지만 가족의 뜻에 따라 파스퇴르 연구소에 묻혔어요.

미생물 과학 수사관

루이 파스퇴르

펴낸날 | 초판 1쇄 2020년 5월 27일
초판 3쇄 2025년 9월 11일

글 · 플로랑스 피노 그림 · 쥘리앵 비요도 옮김 · 이승재 감수 · 신현정
편집 · 곽미영 디자인 · designforme

펴낸곳 · 봄의정원 출판등록 · 제2013-000189호
주소 · 03961 서울시 마포구 방울내로11길 37, 2204호(망원동)
전화 · 02-337-5446 팩스 · 0505-115-5446 이메일 · eunok9@hanmail.net

ISBN 979-11-87154-96-9 73400

이 도서의 국립중앙도서관 출판예정도서목록(CIP)은 서지정보유통지원시스템 홈페이지(http://seoji.nl.go.kr)와 국가자료종합목록 구축시스템(http://kolis-net.nl.go.kr)에서 이용하실 수 있습니다.
(CIP제어번호: CIP2020017045)